taco şe

Leziz Tacos)
Mutfak Yolculuğu

100'den Fazla Dayanılmaz Tarifle Taco Yapma Sanatını Keşfedin

Serkan Kösea

İÇİNDEKİLER

GİRİİŞ

"**taco şenliği**: Leziz Tacos Yoluyla Bir Mutfak Yolculuğu"na hoş geldiniz! Bu yemek kitabı, dünya çapındaki yemek tutkunlarının kalplerini ve tat tomurcuklarını fetheden sevilen Meksika yemeğinin bir kutlamasıdır. Geleneksel klasiklerden yenilikçi füzyon kreasyonlarına kadar çeşitli taco dünyasını keşfederken heyecan verici bir maceraya atılmaya hazır olun.

Bu yemek kitabında, damağınızı heyecan verici bir rollercoaster yolculuğuna çıkaracak 100'den fazla dayanılmaz taco tarifinden oluşan bir koleksiyon derledik. Cızırtılı sokak tarzı tacolardan gurme kıvrımlara ve vejetaryen lezzetlere kadar her tarif, tacoları gerçekten olağanüstü kılan canlı tatları, dokuları ve aromaları ortaya çıkarmak için titizlikle hazırlanmıştır.

İster tecrübeli bir şef, ister mutfakta acemi olun, bu yemek kitabı taco yapma sanatında size ilham vermek ve rehberlik etmek için tasarlandı. Her tarife, duyularınızı cezbedecek ve mutfak yolculuğunuzu daha keyifli hale getirecek net talimatlar, yardımcı ipuçları ve canlı fotoğraflar eşlik ediyor.

Önlüğünüzü alın, tortilla stoklayın ve aileniz ve arkadaşlarınız için unutulmaz taco ziyafetleri yaratmanız için "**taco şenliği**" rehberiniz olsun. Taco oyununuzu yükseltmeye ve yemeklerinizi bir lezzet şöleni ile doldurmaya hazır olun. Taco dünyasına dalalım ve benzeri olmayan bir mutfak macerasına çıkalım!

1. Artık Tavuk Tacos

Yapar: 2

İÇİNDEKİLER:

- 2 su bardağı haşlanmış, didiklenmiş tavuk
- 1 su bardağı domates salsa
- 2 yemek kaşığı yağ
- 1 diş sarımsak, preslenmiş
- 500 gram haşlanmış ve süzülmüş siyah fasulye
- $\frac{1}{4}$ çay kaşığı tuz
- 4 ekmeği
- 1 avokado, dilimlenmiş

TALİMATLAR:

a) Eti içinden çekerek tavuk derisini atın.

b) Büyük bir tavada orta-düşük ateşte salsa ve tavuğu ısıtın.

c) Bu arada, orta boy bir tavada yağı ısıtın ve sarımsak ve fasulyeleri pişirin.

d) Tuz ve $\frac{1}{2}$ su bardağı su ekleyin. Fasulyeleri, kremamsı bir karışım elde etmek için kaşığın arkasıyla ezin. Ateşten alın.

e) Ekmeği ısıtın, ardından tavuğu ekleyin ve üzerine avokado, salsa, kişniş, limon dilimleri ve yeniden kızartılmış fasulye karışımınızı ekleyin.

2. Tavuk Taco Yavaş Pişirici

İÇİNDEKİLER:

- 2 pound tavuk göğsü veya uyluk
- 8 adet organik veya normal tortilla
- 1 su bardağı organik veya ev yapımı salsa
- $\frac{1}{2}$ su bardağı su
- 2 çay kaşığı öğütülmüş kimyon
- 2 çay kaşığı toz biber
- 1 çay kaşığı sarımsak tozu
- 1 çay kaşığı öğütülmüş kişniş
- $\frac{1}{4}$ çay kaşığı acı biber (daha fazla ısı için daha fazla)
- $\frac{1}{2}$ çay kaşığı deniz tuzu
- $\frac{1}{4}$ çay kaşığı karabiber
- Malzemeler: Seçtiğiniz taze doğranmış sebzeler, taze kişniş, zeytin, avokado, taze salsa, misket limonu vb.

TALİMATLAR:

a) Tavuk parçalarını su, öğütülmüş kimyon, kırmızı biber tozu, sarımsak tozu, öğütülmüş kişniş, kırmızı biber, tuz ve karabiberle birlikte yavaş pişiriciye koyun. Tavuğu kaplamak için karıştırın.

b) Yüksekte 4 ila 5 saat pişirin.

c) Tavuğu çıkarın ve parçalayın. Yavaş pişiriciye dönün ve 30 dakika daha pişirin.

d) Tavuğu tortilla dürümlerinde servis edin ve seçtiğiniz salsa ve sosları ekleyin.

3. Narenciye ve Otlu Tavuk Taco

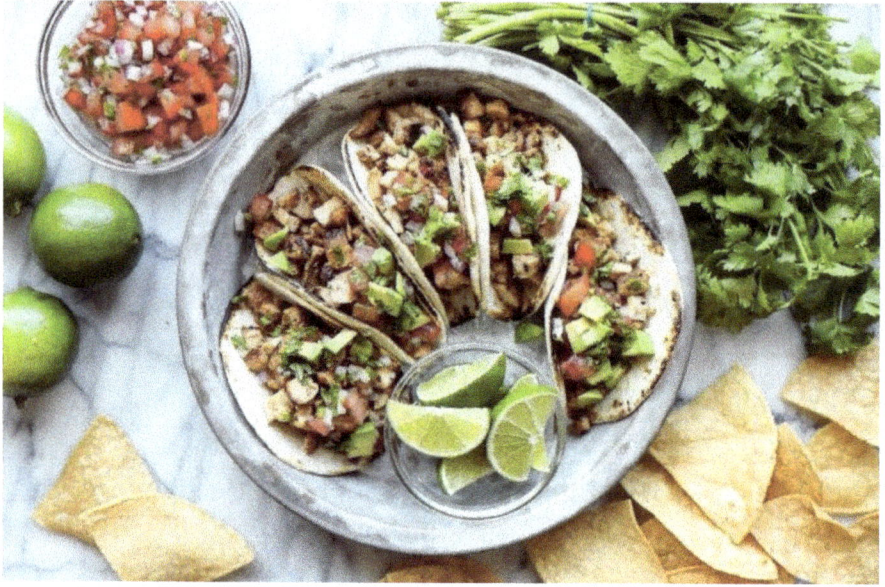

Yapar: 12 Taco

İÇİNDEKİLER:
TACOS
- 6 adet tavuk budu, derili
- 3 Tavuk Göğsü, derili
- 2 Misket limonu, kabuğu rendesi ve suyu
- 2 Limon, kabuğu ve suyu
- 1 su bardağı Karışık taze otlar
- ¼ bardak Vermut veya sek beyaz şarap
- ¼ su bardağı Zeytinyağı
- 1 çay kaşığı kimyon, kızarmış
- 1 çay kaşığı Kişniş, kızarmış
- 1 çay kaşığı Sarımsak, kıyılmış

SÜSLEME FİKİRLERİ:
- Seçilmiş Kişniş Kireç dilimleri Turp kibrit çöpleri
- Jülyen marul (ıspanak, buzdağı, tereyağı veya lahana)
- Meksika usulü Çoban Salata
- Rendelenmiş peynir
- Ekşi krema
- Acı biber turşusu

MONTAJLAMA
- 12 un ekmeği

TALİMATLAR:
TACOS
a) Tüm malzemeleri birleştirin ve tavuğu en az 4 saat marine edin.

b) Tavuğu önce derili tarafı alta gelecek şekilde ızgarada ızgara yapın.

c) Kabaca doğramak için yeterince soğuduğunda.

TACOS'U MONTAJ ETMEK İÇİN

a) İki ekmeği alın ve her birine yaklaşık $\frac{1}{4}$ veya tavuk koyun ve üzerine istenen garnitürleri ekleyin.

b) Tacoların yanında siyah fasulye ve pirinç salatası servis edin.

4. Kremalı Tavuk ve avokado tacos

Yapar: 1 porsiyon

İÇİNDEKİLER:

- 1 ons olgun avokado
- 2 yemek kaşığı Az yağlı doğal yoğurt
- 1 çay kaşığı Limon suyu
- Tuz ve biber
- Birkaç marul yaprağı kıyılmış
- 1 arpacık veya 3 taze soğan, Kesilmiş ve dilimlenmiş.
- 1 Domates dilimler halinde kesilmiş
- Çeyrek Biber, ince doğranmış
- 2 Taco kabuğu
- 2 ons kızarmış tavuk, dilimlenmiş

TALİMATLAR:

a) Küçük bir kasede avokadoyu pürüzsüz olana kadar bir çatalla ezin. Yoğurt ve limon suyunu ekleyin ve karışana kadar karıştırın. Tuz ve karabiber serpin.

b) Marulu, arpacık soğanı veya taze soğanı, domatesi ve yeşil veya kırmızı biberi karıştırın.

c) Taco kabuklarını orta derecede bir ızgara altında 2 ila 3 dakika ısıtın.

d) Onları çıkarın ve salata karışımı ile doldurun. Üzerine tavuk ve kaşıkla avokado sosunu koyun. Hemen servis yapın.

5. Zeytinli tavuk mısır tacos

Yapar: 1 porsiyon

İÇİNDEKİLER:

- ⅔ bardak Artı 2 yemek kaşığı. pişmiş tavuk göğsü; rendelenmiş
- 1 paket Taco baharat karışımı
- 3 ons Konserve Meksika usulü mısır; süzülmüş
- 4 Taco kabuğu veya un ekmeği
- ⅓ fincan Artı 1 yemek kaşığı. marul; rendelenmiş
- ½ orta boy Domates; kıyılmış
- 1 yemek kaşığı Artı 2 çay kaşığı dilimlenmiş olgun zeytin
- 1 ons Rendelenmiş çedar peyniri

TALİMATLAR:

a) Orta yüksek ateşte bir tavada tavuk ve taco baharat karışımını birleştirin.

b) Taco dolumu için paketin üzerinde belirtilen miktarda su ekleyin. kaynatın. Isıyı orta seviyeye düşürün.

c) Ara sıra karıştırarak veya su buharlaşana kadar 5-10 dakika pişirin. Mısırda karıştırın ve iyice ısınana kadar pişirin.

d) Bu arada taco kabuklarını veya tortillaları paketin üzerinde belirtildiği şekilde ısıtın. Her kabuğu ¼ fincan tavuk dolgusu ile doldurun.

e) Her birini marul, domates, zeytin ve peynirle doldurun.

6. Tavuk biberli Verde tacos

Yapar: 4 porsiyon

İÇİNDEKİLER:

- 3 su bardağı kıyılmış lahana
- 1 su bardağı Taze kişniş - hafifçe Paketlenmiş
- 1 su bardağı yeşil biber salsa
- 1 pound Kemiksiz derisiz tavuk göğsü
- 1 çay kaşığı salata yağı
- 1 Kemiksiz derisiz tavuk göğsü -- Uzunlamasına şeritler halinde
- 3 diş sarımsak - kıyılmış
- 1 çay kaşığı öğütülmüş kimyon
- $\frac{1}{2}$ çay kaşığı Kurutulmuş kekik
- 8 un ekmeği
- Azaltılmış yağ veya normal

TALİMATLAR:

a) Bir servis tabağında lahana, kişniş ve salsayı birleştirin; kenara koymak

b) Tavuğu çapraz olarak $\frac{1}{2}$ inç genişliğinde şeritler halinde kesin. Orta-yüksek ateşte 10 ila 12 inçlik yapışmaz tavada yağı, soğanı ve sarımsağı 2 dakika karıştırın. Isıyı yükseğe yükseltin, tavuğu ekleyin ve 4 ila 6 dakika arasında et artık merkezde pembeleşene kadar sık sık karıştırın.

c) Kimyon ve kekik ekleyin; 15 saniye karıştırın. Servis tabağına kaşıkla. 3.

d) Ekmeği bir bez havluya sarın ve mikrodalga fırında tam güçte yaklaşık $1\frac{1}{2}$ dakika kadar sıcak olana kadar pişirin. Masada, lahana ve tavuk karışımlarını ekmeğin içine koyun.

7. Tavuk Cheddar Közlenmiş Mısır tacos

Yapar: 1 porsiyon

İÇİNDEKİLER:

- ⅔ bardak Artı 2 yemek kaşığı. pişmiş tavuk göğsü; rendelenmiş
- 1 paket Taco baharat karışımı
- 3 ons Kömürleşmiş Mısır
- 4 Taco kabuğu veya un ekmeği
- ⅓ fincan Artı 1 yemek kaşığı. marul; rendelenmiş
- ½ orta boy Domates; kıyılmış
- 1 yemek kaşığı Artı 2 çay kaşığı dilimlenmiş olgun zeytin
- Ekşi krema
- 1 ons Rendelenmiş çedar peyniri

TALİMATLAR:

a) Orta yüksek ateşte bir tavada tavuk ve taco baharat karışımını birleştirin.

b) Taco dolumu için paketin üzerinde belirtilen miktarda su ekleyin. kaynatın.

c) Isıyı orta seviyeye düşürün. Ara sıra karıştırarak veya su buharlaşana kadar 5-10 dakika pişirin.

d) Mısırda karıştırın ve iyice ısınana kadar pişirin.

e) Bu arada taco kabuklarını veya tortillaları paketin üzerinde belirtildiği şekilde ısıtın. Her kabuğu ¼ fincan tavuk dolgusu ile doldurun.

f) Her birini marul, domates, zeytin ve peynirle doldurun.

g) Üzerine ekşi krema gezdirin.

8. Pilav ve Sherry ile tavuk tacos

Yapar: 6 porsiyon

İÇİNDEKİLER:

- 2 pound Tavuk parçaları
- $\frac{1}{4}$ bardak Un
- 2 çay kaşığı Tuz
- $\frac{1}{4}$ çay kaşığı Biber
- 1 su bardağı Soğan, doğranmış
- $\frac{1}{4}$ bardak Tereyağı
- 2 yemek kaşığı Worcestershire sosu
- $\frac{1}{4}$ çay kaşığı Sarımsak tozu
- 1 su bardağı acı sos
- $1\frac{1}{2}$ bardak Tavuk suyu
- 3 su bardağı Sıcak Pirinç, pişmiş
- $\frac{1}{2}$ su bardağı Kuru Şeri

TALİMATLAR:

a) Tavuğu kombine un, tuz ve karabiberle yuvarlayın.

b) Margarinde Kahverengi.

c) Tavuğu bir tarafa itin.

d) Soğan ekleyin, şeffaf olana kadar soteleyin.

e) Pirinç hariç kalan malzemeleri karıştırın. Bir kaynamaya getirin, örtün ve ısıyı azaltın, ardından 35 dakika pişirin.

f) Kabarık pirinç yatağında tavuk ve sos servis edin.

9. Izgara tavuk ve kırmızı biberli taco

Yapar: 6 Porsiyon

İÇİNDEKİLER:

- 1½ pound Kemiksiz, derisiz tavuk b
- 2 adet közlenmiş kırmızı biber
- 2 Sap kereviz, yıkanmış ve dilimlenmiş
- 1 orta boy kırmızı soğan, soyulmuş ve doğranmış
- ½ su bardağı Haşlanmış siyah fasulye
- ¼ fincan Kıyılmış kişniş yaprakları
- ¼ bardak Balzamik sirke
- ¼ fincan Yağ
- ¼ bardak Portakal suyu
- ¼ su bardağı limon suyu
- 2 diş sarımsak, soyulmuş ve mi
- 1 çay kaşığı Öğütülmüş kişniş tohumu
- ½ çay kaşığı Biber
- ½ çay kaşığı Tuz
- ¼ su bardağı ekşi krema veya yağsız yoğurt
- 6 (8 inç) un ekmeği

TALİMATLAR:

a) IZGARA YAKIN VEYA bir ızgarayı ÖN ISITIN. Tavuk göğüslerini eşit kalınlıkta dövün ve bir tarafı yaklaşık 4 dakika tamamen pişene kadar her iki tarafını da ızgarada veya ızgarada pişirin, ancak kurumamasını sağlayın. Biberleri aynı anda ızgara yapmak mantıklıdır. Dilimleyin ve bir kenara koyun.

b) Biber, kereviz, soğan, siyah fasulye ve kişnişi bir karıştırma kabında birleştirin. Sirke, yağ, portakal suyu, limon suyu, sarımsak, kişniş ve biberi karıştırın. Tuz ve

ekşi krema veya yoğurt ile sıkı bir kapakla bir kavanozda birleştirin. İyice çalkalayın ve sosu sebzelerin üzerine dökün.

c) Sebzeleri oda sıcaklığında 1 saat marine edin. Orta ateşte büyük bir tava koyun ve yumuşatmak için tortillaları bir tarafta 30 saniye ızgara yapın. Hizmet etmek için, tavuğu tortillaların arasına bölün ve tortillanın ortasına yerleştirin.

d) Sebzeleri ve soslarını tavuğun üzerine bölün ve tortillayı bir silindir şeklinde yuvarlayın.

e) Hemen servis yapın; çanak oda sıcaklığında olmalıdır.

10. sığır Tacos

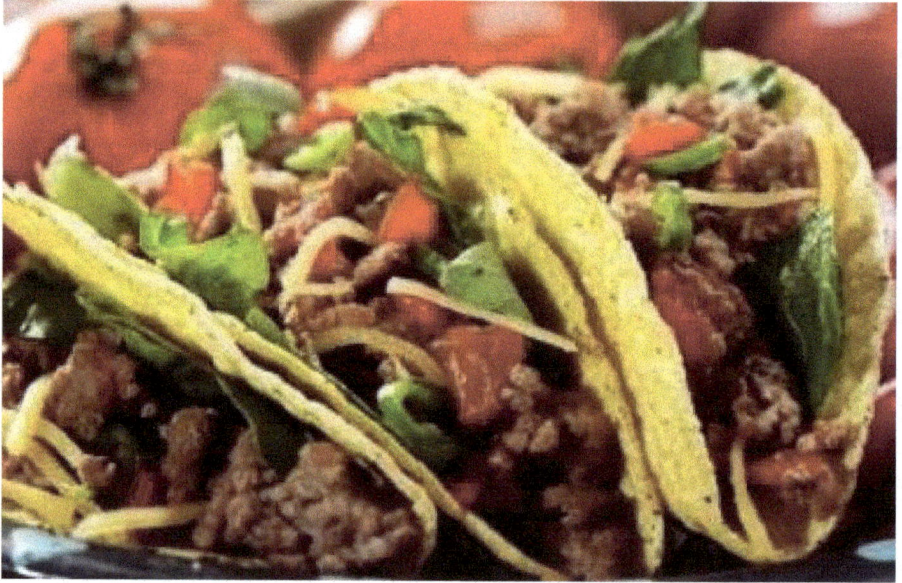

Yapar: 8 porsiyon

İÇİNDEKİLER:
- $\frac{1}{2}$ pound yağsız kıyma
- 8 tam buğday ekmeği
- 1 paket taco baharatı
- Rendelenmiş marul ve 2 büyük domates
- $\frac{3}{4}$ bardak su
- 2 su bardağı rendelenmiş çedar peyniri

TALİMATLAR:
a) Orta boy bir tencereye biraz su, kıyma ve taco baharatı ekleyin, ardından her şeyi kaynatın.

b) Paket talimatlarına göre her iki taraftaki tacoları ısıtın, ardından et, sebzeler ve sos ile doldurun.

11. Sığır Eti Yabani Mantar, Biftek ve Poblano Tacos

Yapar: 6 porsiyon

İÇİNDEKİLER:

- 1 yemek kaşığı zeytinyağı
- 12 mısır ekmeği
- 1 pound dana biftek
- 12 yemek kaşığı salsa sosu ve ½ çay kaşığı kişniş
- ½ çay kaşığı tuz ve karabiber
- 2 su bardağı çiğ soğan ve 1 su bardağı kıyılmış sarımsak
- ¾ bardak Meksika peyniri
- 1 Poblano biberi
- 2 su bardağı yabani mantar

TALİMATLAR:

a) Biftek dana etini, tuz ve karabiber çeşnileriyle birlikte yağlanmış orta boy bir tavada kızartmaya başlayın. Her iki tarafı da 5 dakika piştikten sonra biftekleri çıkarın ve kenara alın.

b) Kalan malzemeleri tavaya ekleyin ve 5 dakika soteleyin.

c) Sıcak tortillaları mantar karışımı, dilimlenmiş biftek eti, salsa sosu ve rendelenmiş Meksika peyniri ile servis edin.

12. Az Yağlı Sığır Eti ve Fasulye Tacos

Yapar: 4 porsiyon

İÇİNDEKİLER:
- 1 pound kıyma
- kızarmış fasulye
- 8 taco kabuğu ve taco çeşnisi
- 1 tatlı soğan
- salsa sosu
- rendelenmiş çedar peyniri
- 1 adet dilimlenmiş avokado
- Ekşi krema

TALİMATLAR:
a) Yağlanmış bir tavada dana etini pişirmeye başlayın ve fasulyeleri ve baharatları ekleyin.

b) Tacoları bir tabağa alın ve et karışımını, salsa sosu, ekşi kremayı, dilimlenmiş avokadoyu ve rendelenmiş kaşar peynirini ekleyin.

13. Dana Cheddarlı Tacos

Yapar: 16 porsiyon

İÇİNDEKİLER:

- 1 $\frac{1}{2}$ pound yağsız kıyma
- 8 tam mısır ekmeği
- 1 paket taco baharatı
- 1 kavanoz salsa sosu
- 2 su bardağı rendelenmiş çedar peyniri

TALİMATLAR:

a) Yağlanmış bir tavada kıymayı yavaş yavaş kavurun, salsa sosu ekleyin ve iyice karıştırın, ardından etin suyunu süzün.

b) Her tortillayı ısıtın ve et karışımını, baharatları ekleyin, biraz salsa sosu ve çedar peyniri ekleyin.

14. Tavuk Taco Yavaş Pişirici

Yapar: 8 porsiyon

İÇİNDEKİLER:
- 1 kilo tavuk göğsü
- 1 paket taco baharatı
- 1 kavanoz salsa
- 2-3 domates
- Çedar peyniri

TALİMATLAR:
a) Orta boy bir güveç alın ve tavuk etini kısık ateşte yaklaşık 8 saat pişirin.

b) Ekmeğin üzerinde servis etmeden önce parçalayın ve kalan malzemeleri ve baharatları ekleyin.

15. Hızlı ve Kolay Öğütülmüş Hindi Tacos

Yapar: 8 porsiyon

İÇİNDEKİLER:
- 1 pound öğütülmüş hindi
- taco çeşnileri
- 1 su bardağı rendelenmiş peynir
- $\frac{3}{4}$ bardak su
- 1 kutu doğranmış domates, fesleğen, kekik ve sarımsak ile
- 1 kutu siyah fasulye
- düşük karbonhidratlı tortilla ve marul

TALİMATLAR:
a) Orta boy bir tavada hindi etini kızarana kadar kızartmaya başlayın.

b) Suyu, doğranmış domatesleri ve fasulyeleri ekleyin, kıvam alana kadar pişirin.

c) Karışımı her bir tortillaya marul ve rendelenmiş peynir ekleyerek kaşıklayın.

16. Yavaş Tencere Kişniş Kireç Tavuk Tacos

Yapar: 6 porsiyon

İÇİNDEKİLER:

- 1 kilo tavuk göğsü
- 1 kavanoz salsa
- 3 yemek kaşığı taze kişniş
- 1 paket Taco baharatı
- 1 limon (meyve suyu)
- 6 tam buğday Tortilla

TALİMATLAR:

a) Tavuk eti, taco çeşnisi, kişniş, limon suyu ve salsayı orta boy bir yavaş pişiriciye koyun; 8-10 saat kısık ateşte pişirme (bunu bir gecede yapabilirsiniz).

b) Bittiğinde, eti parçalayın ve tortillalarınızın üzerine koyun, tadına bakmak için sosları ekleyin (zeytin, marul, soğan ve diğer soslar).

17. Ev yapımı Salsa ile Tavuk Tacos

Yapar: 2 porsiyon

İÇİNDEKİLER:
BAHARATLI ET :
- 1 tavuk göğsü (küp doğranmış)
- 1 diş sarımsak
- ½ domates
- ½ çay kaşığı soğan ve pul biber
- ½ çay kaşığı kimyon ve kırmızı biber
- ½ misket limonu (meyve suyu)

SALSA:
- ¼ fincan doğranmış soğan
- ½ doğranmış domates
- 1 tutam tuz
- ¼ bardak taze kişniş
- ½ limon suyu
- ½ doğranmış avokado
- ½ küçük Jalapeno biberi

DİĞER:
- 4 mısır ekmeği
- ¼ fincan mozzarella peyniri
- ½ bardak marul (rendelenmiş)

TALİMATLAR:
a) Orta boy bir tava alın, tavuğu, baharatları, sarımsağı ve limon suyunu ekleyin ve bitene kadar her şeyi pişirin.

b) Kızaran tavukların üzerine rendelenmiş domatesleri dökün.

c) Bu sırada salsa sosu için malzemeleri karıştırmaya başlayın. Her bir mısır tortillasını ısıtın, tavuk karışımını, marulu, salsa sosu ve mozzarellayı ekleyin.

18. Limonlu Tavuk Yumuşak Tacos

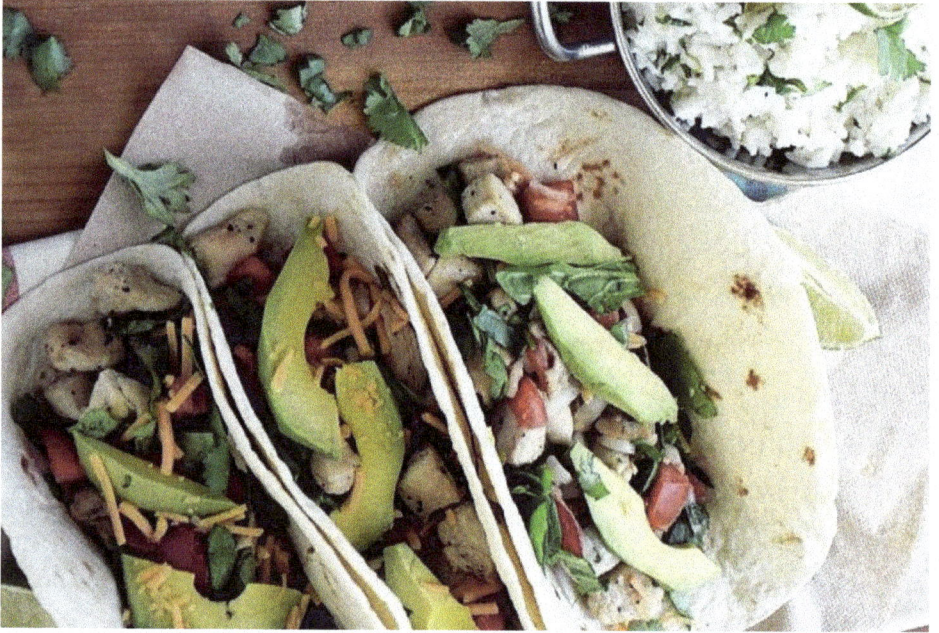

Yapar: 10 porsiyon

İÇİNDEKİLER:

- 1 ½ pound göğüs eti (küp doğranmış)
- 10 Fajita büyüklüğünde tortilla
- ¼ fincan kırmızı şarap sirkesi
- ¼ su bardağı salsa sosu
- ½ limon suyu
- 1 çay kaşığı splenda
- ¼ bardak Monterey Jack peyniri (rendelenmiş)
- ½ çay kaşığı tuz ve öğütülmüş karabiber
- 1 adet doğranmış domates
- ½ bardak marul (rendelenmiş)
- 2 diş yeşil soğan ve sarımsak
- 1 çay kaşığı kurutulmuş kekik

TALİMATLAR:

a) Orta boy bir tencerede tavuk göğsünü orta ateşte yaklaşık 15 dakika soteleyin.

b) Biraz limon suyu, yeşil soğan, sirke, kekik ve diğer baharatları ekleyin ve her şeyi 5 dakika daha kaynatın.

c) Her bir fajita tortillayı her iki tarafını da orta ateşte büyük bir tavada ısıtın.

d) Tavuk eti karışımını ekleyerek her tortillayı hazırlayın,

19. Tex Mex Tavuk Tacos

Yapar: 4 porsiyon

İÇİNDEKİLER:

- 8 mısır ekmeği
- 1 pound tavuk göğsü (parçalar)
- ½ su bardağı ekşi krema
- ½ su bardağı portakal suyu
- 1 çay kaşığı mısır nişastası
- ¼ bardak taze kişniş
- 1 su bardağı donmuş bütün çekirdekli mısır
- 1 çay kaşığı kireç kabuğu
- 1 jalapeno biberi
- 1 orta boy tatlı kırmızı biber
- 3 diş sarımsak
- 2 çay kaşığı zeytinyağı
- ¼ çay kaşığı tuz ve karabiber

TALİMATLAR:

a) Tavuk etini ve diğer marine malzemelerini poşete koyup 1-2 saat buzdolabında bekletin. İyice marine edildiğinde suyunu süzün ve orta boy bir tavada çıtır çıtır ve yumuşayana kadar pişirin.

b) Tatlı biberleri, biraz turşuyu ve mısır nişastasını ekleyin ve her şeyi 2 dakika daha pişirin.

c) Her tortillayı mikrodalgada 40 saniye ısıtın, tavuğu aralarına bölün ve biraz ekşi krema, marul, soğan ve baharat ekleyin.

20. Sert Kabuklu ve Kızartılmış Fasulye Üzerindeki Tavuk Tacos

Yapar: 5 porsiyon

İÇİNDEKİLER:
- 1 su bardağı rendelenmiş Meksika peyniri
- 5 mısır taco
- 1 pound tavuk eti
- 1 paket taco baharatı
- 1 su bardağı doğranmış soğan ve domates
- $\frac{3}{4}$ su bardağı su & 1 konserve fasulye
- 3 ons Ispanak yaprağı
- $\frac{1}{2}$ su bardağı salsa sosu

TALİMATLAR:
a) Tavuk etini ve soğanı küçük küçük doğramaya başlayın, ardından orta boy bir tavada orta ateşte 2-3 dakika pişirin.

b) Ispanak yapraklarını, suyu ve baharatları ekleyin, her şeyi kaynatın.

c) Her mısır tortillasını mikrodalga fırında ısıtın, tavuk karışımını, biraz daha ıspanak yaprağını, domatesi, taze fasulyeyi, salsa sosunu, peyniri ve biraz çeşniyi ekleyin.

21. Elma ve Soğan Tavuk Yumuşak Tacos

Yapar: 4 porsiyon

İÇİNDEKİLER:

- 6 un ekmeği
- 2 tavuk göğsü (küp)
- 1 yemek kaşığı tereyağı
- 1 diş sarımsak
- ½ çay kaşığı öğütülmüş hindistan cevizi ve karabiber
- 2 su bardağı dilimlenmiş elma ve 1 su bardağı dilimlenmiş soğan
- 4 yemek kaşığı mango salsa
- 1 yemek kaşığı zeytinyağı

TALİMATLAR:

a) Orta ateşte, biraz tereyağını orta boy bir tavada ısıtın.

b) Elmaları ve soğanları ekleyin, kızarana kadar pişirin. Elmaları ve soğanları çıkarın ve kuşbaşı doğranmış tavuk göğsü tamamen pişene kadar pişirin.

c) Soğanları ve elmaları, kıyılmış sarımsakları ve baharatları aktarın.

d) Her tortillayı karışım ve biraz mango salsa ile doldurun.

22. Fajita Tavuklu Tacos

Yapar: 1 porsiyon

İÇİNDEKİLER:
- 1 kilo Tavuk Eti
- 3 mısır ekmeği
- $\frac{1}{4}$ kaşar peyniri olabilir
- 1 tatlı kaşığı fajita baharatı
- $\frac{1}{4}$ kutu domates
- $\frac{1}{4}$ marul
- 1 yemek kaşığı salsa-hafif

TALİMATLAR:
a) Parça, tavuk ve fajita çeşnilerini pişirin.

b) Orta boy bir tavada, her bir mısır tortillasını çıtır çıtır olana kadar ısıtın.

c) Her tortillanın üzerine 1 çay kaşığı salsa sosu koyun, tavuğu ve diğer sebzeleri ekleyin.

23. Fiesta Tavuk Tacos

Yapar: 10 porsiyon

İÇİNDEKİLER:

- 1 ½ pound tavuk göğsü
- ½ yemek kaşığı soğan ve sarımsak tozu
- 1 kutu nacho peynir çorbası
- 1 paket taco baharatı
- 6 yemek kaşığı yeşil biber sosu
- 4 yemek kaşığı salça

TALİMATLAR:

a) Bir güveç alın ve tavuk göğsü ekleyin. Orta boy bir kapta, diğer malzemeleri karıştırın ve ardından tavuğun üzerine dökün.

b) Pişirme süresini kısık ateşte 6-8 saate ayarlayın. Küçük bir bıçak kullanarak tavuğu parçalayın.

24. Izgara Tavuk Taco

İÇİNDEKİLER:

- $\frac{1}{2}$ kg tavuk budu, derisi ve kemikleri ayıklanmış
- 1 orta boy soğan, soyulmuş ve büyük dilimler halinde kesilmiş
- 2 diş sarımsak, ince kıyılmış
- 1 yemek kaşığı kimyon tohumu, doğranmış
- 1 yemek kaşığı bitkisel yağ
- 1 çay kaşığı tuz
- $\frac{1}{2}$ çay kaşığı karabiber
- 8 ekmeği

TALİMATLAR:

a) Izgarayı orta-yüksek ısıya ayarlayın. Orta boy bir kapta tavuk, soğan, sarımsak, kimyon, tuz, karabiber ve yağı atın.

b) Soğanı ve tavuğu her iki tarafta dört dakika veya hafifçe kömürleşene ve baştan sona pişene kadar ızgara yapın.

c) Dilimlenmiş avokadolar, Charred Tomatillo Salsa Verde, Kişniş dalları, limon dilimleri ve dilimlenmiş turplarla servis etmek için kesmeden önce tavuğu birkaç dakika soğumaya bırakın.

25. Yumuşak Tavuk ve Mısır Tacos

Yapar: 5

İÇİNDEKİLER:

- ½ kg kemiksiz tavuk, ince şeritler halinde doğranmış
- 1 su bardağı Salsa
- 25 gram taco çeşnisi
- 2 bardak beyaz pirinç
- 10 un ekmeği
- ¾ su bardağı Rendelenmiş Peynir
- Mısır taneleri
- Garnitür için kıyılmış kişniş

TALİMATLAR:

a) Orta-yüksek ateşte, büyük bir tavada biraz yağı ısıtın.

b) Tavuğu ekleyin ve yaklaşık 7 dakika veya tavuk bitene kadar karıştırarak kızartın.

c) 2 su bardağı su, salsa ve baharat karışımını ekleyin ve karışımı kaynatın.

d) Pirinci ekleyin, örtün ve 5 dakika pişirin.

e) Karışımı önceden ısıtılmış tortillaların üzerine dökün ve kaşar peyniri ile cömertçe serpin.

f) İsteğe göre biraz mısır taneleri ekleyin.

g) Kişniş ile süsleyin.

26. Rotisserie Tavuk Cheddarlı Taco

Yapar: 6

İÇİNDEKİLER:

- 3 bardak et lokantası tavuğu, ince kıyılmış veya rendelenmiş
- $\frac{1}{2}$ fincan salsa
- 2 yemek kaşığı bal
- 1 yemek kaşığı kireç
- 2 yemek kaşığı Taco baharatı
- Tuz
- Biber
- 6 adet mısır ekmeği
- Zeytin yağı
- Çedar peyniri, rendelenmiş

TALİMATLAR:

a) Tavuk ve peynir hariç tüm malzemeleri birlikte çırpın.

b) Kıyılmış tavuğu mikrodalgaya uygun bir kaba koyun ve karışımın geri kalanını ekleyin.

c) Bu kabı mikrodalganın içine 2 dakika koyun, alın.

d) çıkarın, karıştırın ve tavuk uygun şekilde ısınana kadar işlemi tekrarlayın.

e) Bir tavaya biraz yağ serpin ve ekmeğin her iki tarafı da altın-kahverengi olana kadar ısıtın.

f) Tavuklu karışımı tüm tortillaların üzerine eşit şekilde yerleştirin. Rendelenmiş peynir serpin ve marul, dörde bölünmüş vişne ile servis yapın

g) domates, kişniş ve ekşi krema.

27. Buffalo Tavuk Tacos

Yapar: 3

İÇİNDEKİLER:
- 1 su bardağı kereviz (doğranmış)
- 2 bardak et lokantası Tavuk, ince kıyılmış
- ½ fincan kırmızı acı, manda kanadı sosu
- 1 yemek kaşığı yağ
- 6 mısır ekmeği
- 1 ½ su bardağı Meksika peyniri (karışım)
- Tuz

TALİMATLAR:
a) Parçalanmış tavuğu bir kaseye koyun ve üzerine Buffalo sosu dökün. İyice karıştırın ve ısıtmak için mikrodalgaya koyun.

b) Bir tavaya bir yemek kaşığı sıvı yağ dökün ve tortillaları kullanarak,

c) yağı her yerine eşit şekilde yayın. Bir tarafına biraz deniz tuzu serpin

d) Altın kahverengiye dönmelerine izin verirken ekmeğin

e) işlem.

f) 30 saniye içinde her tortillayı ters çevirin ve diğer tarafına biraz peynir serpin. Normal kaşar peyniri de kullanabilirsiniz. Peynir eridikten sonra üzerine tavuk ve kereviz serpin.

g) Üzerine serpilmiş mavi peynir veya biraz baharatlı sos ile servis yapın.

28. barbekü dana tacos

Yapar: 8 porsiyon

İÇİNDEKİLER:

- 1 pound yağsız kıyma (veya hindi)
- ½ su bardağı rendelenmiş Meksika peyniri
- 1 dilim kuru soğan ve kırmızı biber
- 8 tam buğday ekmeği
- ½ su bardağı barbekü sosu
- 1 adet doğranmış domates

TALİMATLAR:

a) Orta yağlı bir tavada dana eti, soğan ve biberleri iyice pişene kadar ara sıra karıştırarak pişirmeye başlayın.

b) Sosu ekleyin ve her şeyi 2 dakika pişirin.

c) Et karışımını her tortillaya dökün ve servis yapmadan önce peynir ve domates ekleyin.

29. Tacos De Barbacoa

Yapar: 20 porsiyon

İÇİNDEKİLER:

- 4 kilo dana eti
- $\frac{1}{4}$ fincan elma sirkesi
- 20 mısır ekmeği
- 3 yemek kaşığı limon suyu
- $\frac{3}{4}$ su bardağı tavuk suyu
- 3-5 adet konserve acı biber
- 2 yemek kaşığı bitkisel yağ ve 3 defne yaprağı
- 4 diş sarımsak ve kimyon
- 3 çay kaşığı Meksika kekiği
- 1 $\frac{1}{2}$ çay kaşığı tuz ve öğütülmüş karabiber
- $\frac{1}{2}$ çay kaşığı öğütülmüş karanfil
- soğan, kişniş ve limon dilimleri (doğranmış)

TALİMATLAR:

a) Orta boy bir kasede limon suyu, diş sarımsak, elma sirkesi ve diğer baharatları macun gibi pürüzsüz olana kadar karıştırın.

b) Eti alın ve yağlanmış bir tavada her iki tarafını 5 dakika pişirin. Kasedeki karışımı etin üzerine ekleyin ve iyice karıştırmaya devam edin.

c) 10 dakika daha sonra malzemeler pişerken karışımı önceden ısıtılmış fırına ekleyin. Yaklaşık 4-5 saat pişirin.

d) Mısır ekmeğini fırın karışımı, soğan, kişniş, limon dilimleri ve diğer baharatlarla birlikte servis edin.

30. Çıtır Geyik Tacoları

Yapar: 7 porsiyon

İÇİNDEKİLER:
- 1 pound öğütülmüş geyik eti
- 21 taco kabuğu
- 2 yemek kaşığı taco sosu
- 1 kutu Taco Bell yeniden kızartılmış fasulye
- 1-2 su bardağı kıyılmış marul
- 1 çay kaşığı acı biber karışımı
- 1½ bardak rendelenmiş peynir

TALİMATLAR:
a) Fırınınızı 325 santigrat dereceye ısıtmaya başlayın ve ardından öğütülmüş geyik etini orta boy bir tavada iyice kızarana kadar pişirin.

b) 2 yemek kaşığı sos, baharatlar ve tekrar kızartılmış fasulyeleri ekleyin ve iyice ısınana kadar pişirin.

c) Bu arada, her tortillayı fırında birkaç dakika ısıtın ve ardından marul, sos, et karışımı ve biraz rendelenmiş peynirle birleştirin.

31. Carne Asada Bifteği Tacos

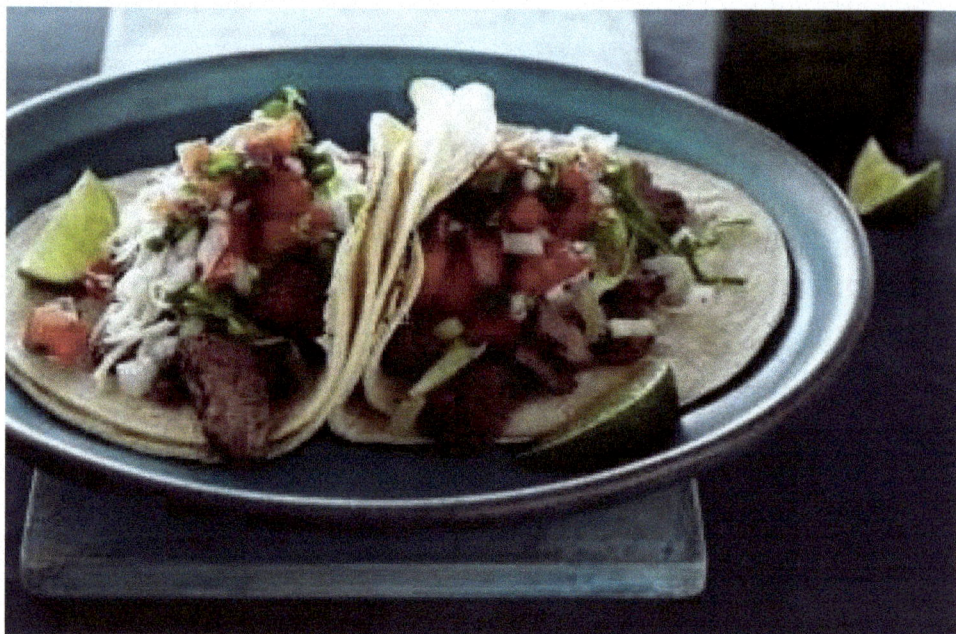

Yapar: 12 porsiyon

İÇİNDEKİLER:

- 2 pound göğüs biftek
- 1 yemek kaşığı et baharatı
- 1 limon suyu ve 1 çay kaşığı kimyon
- ½ çay kaşığı tuz ve karabiber
- 2 yemek kaşığı kıyılmış sarımsak ve 1 çizgi acı biber
- ½ çay kaşığı toz biber
- 2 yemek kaşığı taze kişniş

TALİMATLAR:

a) Gerekirse etin yağını kesin, ardından kireç, 2 yemek kaşığı su ve baharatlarla birlikte büyük bir torbaya koyun ve buzdolabına koyun, böylece her şey iyice kaplanır.

b) Eti çıkarın ve her iki tarafını 5 dakika ızgara yapın. Ekmeği hazırlamaya başlayın, sebzeleri, ızgara etleri ve biraz baharat ekleyin.

32. Dana Eti ve Patlıcanlı Nohutlu Krep Tacos

Yapar: 4

İÇİNDEKİLER:

- 2 ¼ su bardağı nohut unu
- ¼ bardak sade yoğurt
- 2 ½ çay kaşığı tuz (bölünmüş)
- 3 ½ yemek kaşığı zeytinyağı
- ¼ kg dana eti (öğütülmüş)
- 1 ½ çay kaşığı kimyon (öğütülmüş)
- ¼ çay kaşığı kırmızı biber gevreği (ezilmiş)
- 1 pound patlıcan ve 1 "boyutunda küpler halinde kesin
- 3 diş sarımsak (ince dilimlenmiş)
- ¼ fincan kuru üzüm (altın)
- ¼ bardak kırmızı şarap
- 15 ons domates (doğranmış)
- ¼ su bardağı çam fıstığı (kavrulmuş)

TALİMATLAR:

a) Orta boy bir kapta nohut ununu yoğurt, 1 ¼ çay kaşığı tuz ve su (2 su bardağı ve 1 yemek kaşığı) ile çırpın ve bir kenara koyun.

b) Orta yüksek ateşte, büyük bir tavada 1 yemek kaşığı yağı ısıtın. Dana eti pişirmek için dana eti, kırmızı biber, kimyon ve ¼ çay kaşığı tuzu tavaya ekleyin.

c) Dana eti sık sık kırıp karıştırdığınızdan emin olun, böylece topaklanma olmaz. Dana eti kızarmaya başladığında (yaklaşık 4 dakika sonra) eti ve baharatları tavadan alın ve orta boy bir kaseye koyun.

d) Patlıcan ve kalan tuzu eklemeden önce tavada 2 yemek kaşığı yağı ısıtın. Patlıcanı 5 dakika veya her tarafı kahverengi olana kadar pişirin.

e) Şimdi sarımsağı ekleyin ve açık kahverengi bir renk alana kadar ara sıra karıştırın.

f) Karışımı pişirmek için kuru üzüm ve şarap ekleyin. Bir dakika boyunca sürekli karıştırmayı unutmayın, böylece karışım eşit şekilde ısıtılır.

g) Doğranmış domatesleri (suyuyla birlikte), kuzu karışımını, çam fıstığını ve $\frac{1}{4}$'ü ekleyin.

h) su bardağı. Karıştırın ve ısıyı orta ateşe düşürün, böylece karışım

i) kaynatabilir. Ara sıra karıştır. Yaklaşık 15 dakika içinde, meyve sularının çoğu buharlaştığı için alevi kapatın.

j) Kalan yağı 8 "yapışmaz tavada çevirin, tavada sadece bir parça yağ bırakmak için bir kağıt havluyla silin ve orta yüksekliğe kadar ısıtın.

k) Un karışımını çırparak, bir bardağın yaklaşık üçte birini tavaya dökün.

l) Krep yapmak için tavayı hamurla tamamen kaplamak için döndürün, her iki tarafı da kızarana kadar pişirin. Krepi tavadan çıkarın ve işlemi kalan hamurla tekrarlayın.

m) Kuzu harcından pankeklerin üzerine paylaştırın.

n) Yeşil sebzeler, yoğurt ve limon dilimleri ile servis yapın.

33. Biftek Tacos ve Salsa

Yapar: 4

İÇİNDEKİLER:

- 2 yemek kaşığı zeytinyağı, bölünmüş
- $\frac{1}{2}$ kg gögüs biftek
- Tuz
- Karabiber
- $\frac{1}{2}$ bardak kişniş yaprağı
- 4 turp, ayıklanmış ve ince doğranmış
- 2 taze soğan, ince dilimlenmiş
- $\frac{1}{2}$ jalapeño, çekirdekleri çıkarılmış ve ince kıyılmış
- 2 yemek kaşığı limon suyu
- 8 mısır ekmeği

TALİMATLAR:

a) Bifteği tuz ve karabiberle tatlandırın ve yüksek ateşte tavada her iki tarafını da pişirin.

b) Zeytinyağını tavaya dökün ve her iki tarafını yaklaşık 5-8 dakika pişirin. Beş dakika daha dinlenmeye bırakın.

c) Kişnişin yarısını doğrayın ve turp, jalapenos, soğan, limon suyu ve 1 yemek kaşığı zeytinyağı ile karıştırın. Tuz, karabiber ve salsa ile tatlandırın.

d) Biftek dilimleyin, her tortillaya sebze karışımından bir parça koyun.

e) Queso fresk peyniri ve kişnişin geri kalanıyla servis yapın.

34. Kıymalı Tacos

Yapar: 4

İÇİNDEKİLER:
- 8 mısır ekmeği
- 750 gram dana kıyma
- 4 yemek kaşığı taco baharatı
- 1 su bardağı iceberg marul, kıyılmış
- 1 su bardağı üzüm domates, yarıya
- ½ kırmızı soğan, ince dilimlenmiş
- 1 avokado, dilimlenmiş

TALİMATLAR:
a) Bir tavada kıyma ve taco baharatını birlikte pişirin.

b) Etin pişmesi için orta ateşte yaklaşık 7 dakika

c) başından sonuna kadar. Aşırı gresi gidermek için boşaltın.

d) Ekmeği ısıtın ve eşit miktarda sığır eti karışımı kullanarak toplayın ve marul, domates, soğan ve avokado ile doldurun. Kireç dilimleri ile servis yapın.

35. Kıyma ve Beyaz Pirinç ile Pan Tacos

Yapar: 4

İÇİNDEKİLER:
- ½ kilo dana eti
- 1 çay kaşığı kimyon
- 1 yemek kaşığı pul biber
- 2 bardak beyaz pirinç
- 1 su bardağı peynir, rendelenmiş
- 2 su bardağı su
- 8 buğday ekmeği
- Tuz

TALİMATLAR:
a) Eti geniş bir tavada yaklaşık 10 dakika kavurun. Drenaj
b) herhangi bir gresi çıkarın.
c) Baharatları ekleyin, su eklemeden önce 30 saniye karıştırın. Çabuk kaynaması için yüksek ateşte olduğundan emin olun. Pirinç ve peyniri karıştırın. Örtün ve orta ateşte 5 dakika kaynamaya bırakın.
d) Fazla yağı ve suyu çıkarmak için gerektiği gibi boşaltın.
e) Her bir tortillaya eşit porsiyonlar koyarak birleştirin, servis için rendelenmiş marul ve doğranmış domatesleri ekleyin.

36. Artık Hamburgerli Tacos

Yapar: 4

İÇİNDEKİLER:
- 250 gram hamburger
- 1 su bardağı su
- 1 paket taco baharatı
- 8 mısır ekmeği

TALİMATLAR:
a) Hamburgeri (veya ikamesini) bir tavaya ekleyin ve orta ateşte kızarana ve tamamen ısınana kadar ısıtın.

b) Taco baharatını ve suyu ekleyip 5 dakika pişirin ve servise hazır hale getirin.

c) Et iyice piştiğinde, et ve domates, soğan ve marul gibi doğranmış sebzeleri kullanarak tacoları birleştirin. Üzeri için limon dilimleri ve rendelenmiş peynir ile servis yapın.

37. Buffalo Usulü Sığır Eti Tacos

Yapar: 4 porsiyon

İÇİNDEKİLER:

- 1 kiloluk Kıyma (% 95 yağsız)
- Buffalo kanatları için ¼ fincan acı biber sosu
- 8 taco kabuğu
- 1 su bardağı ince dilimlenmiş marul
- ¼ bardak yağı azaltılmış veya normal hazırlanmış mavi peynir sosu
- ½ su bardağı rendelenmiş havuç
- ⅓ su bardağı kıyılmış kereviz
- 2 yemek kaşığı kıyılmış taze kişniş
- Havuç ve kereviz çubukları veya kişniş dalları

TALİMATLAR:

a) Büyük yapışmaz tavayı orta ateşte sıcak olana kadar ısıtın.

b) Kıyma ekleyin; küçük parçalara ayırarak ve ara sıra karıştırarak 8 ila 10 dakika pişirin. Oluklu kaşıkla tavadan çıkarın; damlamaları dökün.

c) Tavaya dönün; biber sosu karıştırın. Pişirin ve 1 dakika veya iyice ısınana kadar karıştırın.

d) Bu arada, paket talimatlarına göre taco kabuklarını ısıtın.

e) Sığır eti karışımını taco kabuklarına eşit olarak kaşıklayın. marul ekleyin; pansuman ile gezdirin.

f) Havuç, kereviz ve kişniş ile eşit şekilde doldurun. İsterseniz havuç ve kereviz çubukları veya kişniş dallarıyla süsleyin.

38. Dana Taco Dürümleri

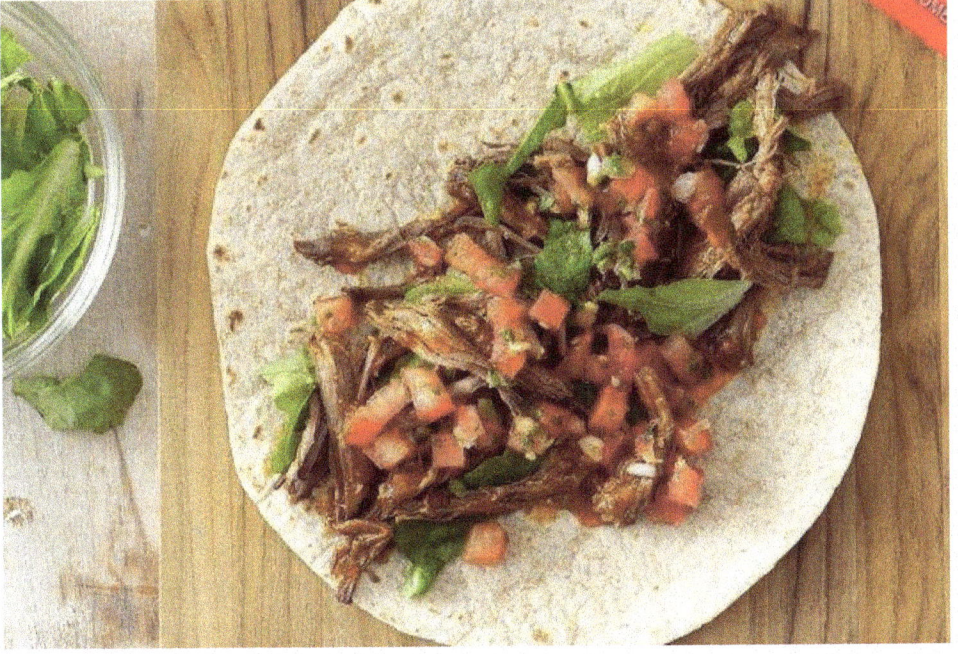

Yapar: 4 porsiyon

İÇİNDEKİLER:

- $\frac{3}{4}$ pound ince dilimlenmiş şarküteri rosto dana eti
- $\frac{1}{2}$ fincan yağsız siyah fasulye sosu
- 4 büyük (yaklaşık 10 inç çapında) un ekmeği
- 1 su bardağı ince dilimlenmiş marul
- $\frac{3}{4}$ bardak doğranmış domates
- 1 su bardağı (4 ons) rendelenmiş yağı azaltılmış taco çeşnili peynir
- Salsa

TALİMATLAR:

a) Siyah fasulye sosunu her tortilin bir tarafına eşit şekilde yayın. Fasulye sosu üzerine şarküteri rosto bifteğini kenarlarda $\frac{1}{2}$ inçlik kenarlık bırakarak katlayın.

b) Her tortilla üzerine eşit miktarda marul, domates ve peynir serpin.

c) Sağ ve sol tarafları ortaya katlayın, kenarları üst üste getirin. Tortillanın alt kenarını dolgunun üzerine katlayın ve rulo ile kapatın.

d) Her ruloyu ikiye bölün. İsterseniz salsa ile servis yapın.

39. Carnitas Usulü Izgara Sığır Taco

Yapar: 6 porsiyon

İÇİNDEKİLER:

- 4 sığır Yassı Demir Biftek (her biri yaklaşık 8 ons)
- 18 küçük mısır ekmeği (6 ila 7 inç çapında)

SOSU:

- Kıyılmış beyaz soğan, doğranmış taze kişniş, lime dilimleri

MARİNA:

- 1 su bardağı hazır tomatillo salsa
- ⅓ su bardağı kıyılmış taze kişniş
- 2 yemek kaşığı taze limon suyu
- 2 çay kaşığı kıyılmış sarımsak
- ½ çay kaşığı tuz
- ¼ çay kaşığı biber
- 1-½ bardak hazırlanmış tomatillo salsa
- 1 büyük avokado, doğranmış
- ⅔ fincan kıyılmış taze kişniş
- ½ su bardağı kıyılmış beyaz soğan
- 1 yemek kaşığı taze limon suyu
- 1 çay kaşığı kıyılmış sarımsak
- ½ çay kaşığı tuz

TALİMATLAR:

a) Marine malzemelerini küçük bir kasede birleştirin. Sığır bifteklerini ve marineyi gıdaya uygun plastik torbaya koyun; biftekleri kaplamak için çevirin. Torbayı sıkıca kapatın ve buzdolabında 15 dakika ila 2 saat arasında marine edin.

b) Biftekleri turşudan çıkarın; turşuyu atın. Biftekleri orta, kül kaplı kömürlerin üzerine yerleştirin. Izgara, üstü kapalı, orta az pişmiş (145°F) ila orta (160°F) arası pişme için 10 ila 14 dakika, ara sıra çevirerek.

c) Bu arada avokado salsa malzemelerini orta boy bir kapta birleştirin. Kenara koyun.

d) Ekmeği ızgaraya yerleştirin. Isınana ve hafifçe kömürleşene kadar ızgara yapın. Kaldırmak; sıcak tut

e) Biftekleri dilimler halinde kesin. Ekmeği avokado salsa ile servis yapın. İsteğe göre soğan, kişniş ve misket limonu dilimleri ile süsleyin.

40. Minik Taco Dana Tartları

Yapar: 30 küçük tart

İÇİNDEKİLER:
- 12 ons Kıyma (%95 yağsız)
- $\frac{1}{2}$ bardak doğranmış soğan
- 1 diş sarımsak, ince kıyılmış
- $\frac{1}{2}$ fincan hazırlanmış hafif veya orta taco sosu
- $\frac{1}{2}$ çay kaşığı öğütülmüş kimyon
- $\frac{1}{4}$ çay kaşığı tuz
- $\frac{1}{8}$ çay kaşığı biber
- 30 yufka kabuğu
- $\frac{1}{2}$ su bardağı kıyılmış yağı azaltılmış Meksika peyniri karışımı
- Malzemeler: Kıyılmış marul, dilimlenmiş üzüm veya kiraz domates, guacamole, az yağlı ekşi krema, dilimlenmiş olgun zeytin

TALİMATLAR:
a) Fırını 350 ° F'ye ısıtın. Büyük yapışmaz tavayı orta ateşte sıcak olana kadar ısıtın.

b) Büyük yapışmaz tavada 8 ila 10 dakika orta ateşte Kıyma, soğan ve sarımsak ekleyin, sığır etini küçük parçalara ayırın ve ara sıra karıştırın. Gerekirse damlamaları dökün.

c) Taco sosu, kimyon, tuz ve karabiber ekleyin; pişirin ve 1 ila 2 dakika veya karışım tamamen ısınana kadar karıştırın.

d) Kenarlı fırın tepsisine yufkaları dizin. Sığır eti karışımını kabuklara eşit şekilde kaşıklayın. Peynirle eşit şekilde doldurun. 9 ila 10 dakika veya kabuklar gevrekleşene ve peynir eriyene kadar pişirin.

e) İsteğe göre marul, domates, guacamole, ekşi krema ve zeytinli turtaların üzerine koyun.

41. Bir Kap Peynirli Taco Tava

Yapar: 30 küçük tart

İÇİNDEKİLER:
- 1 kiloluk yağsız Kıyma
- 1 büyük sarı soğan, doğranmış
- 2 orta boy kabak, doğranmış
- 1 sarı dolmalık biber, doğranmış
- 1 paket taco baharatı
- 1 adet yeşil biberli doğranmış domates
- 1 ½ su bardağı rendelenmiş çedar veya Monterey jack peyniri
- Garnitür için yeşil soğan
- Servis için marul, pirinç, un veya mısır ekmeği

TALİMATLAR:
a) Büyük yapışmaz tavayı orta ateşte sıcak olana kadar ısıtın. Kıyma, soğan, kabak ve sarı biberi ekleyin; küçük parçalara ayırarak ve ara sıra karıştırarak 8 ila 10 dakika pişirin. Gerekirse damlamaları dökün.

b) Taco baharatını, ¾ su bardağı suyu ve doğranmış domatesleri ekleyin. Isıyı düşük seviyeye getirin ve 7 ila 10 dakika pişirin.

c) Rendelenmiş peynir ve yeşil soğan ile doldurun. Karıştırmayın.

d) Peynir eridiğinde, bir marul yatağı, pirinç veya un veya mısır ekmeği üzerinde servis yapın!

42. Etek Biftek Sokağı Tacos

Yapar: 6 taco

İÇİNDEKİLER:

- İnce şeritler halinde 4 ila 6 inçlik kısımlar halinde kesilmiş 1 Etekli Biftek
- 12 adet altı inçlik mısır ekmeği
- $\frac{1}{2}$ çay kaşığı tuz
- $\frac{1}{4}$ çay kaşığı acı biber
- $\frac{1}{2}$ çay kaşığı sarımsak tozu
- $\frac{1}{2}$ çay kaşığı kıyılmış sarımsak
- 1 çay kaşığı yağ
- 1 su bardağı doğranmış soğan
- $\frac{1}{2}$ fincan kişniş yaprağı, kabaca doğranmış
- 2 su bardağı ince dilimlenmiş kırmızı lahana
- Kişniş Kireç Sosu:
- $\frac{3}{4}$ bardak kişniş yaprağı
- 2 limon suyu
- ⅓ su bardağı zeytinyağı
- 4 çay kaşığı kıyılmış sarımsak
- $\frac{1}{4}$ fincan beyaz sirke
- 4 çay kaşığı şeker
- $\frac{1}{4}$ bardak süt
- $\frac{1}{2}$ su bardağı ekşi krema

TALİMATLAR:

a) Yağı orta ateşte ısıtın. Dilimlenmiş bifteği tuz, acı biber ve sarımsak tozu ile baharatlayın. Tavaya biftek ekleyin ve tamamen pişene kadar soteleyin (8 ila 10 dakika). Sarımsak ekleyin ve sarımsak kokulu olana kadar 1 ila 2 dakika daha soteleyin. Ateşten alın ve bifteği doğrayın.

b) Vinaigrette için tüm malzemeleri çırpın. Karışımı bir karıştırıcıya ekleyin ve pürüzsüz olana kadar yaklaşık 1 ila 2 dakika karıştırın.

c) Isıtılmış mısır ekmeğini (taco başına iki tane kullanın) biftek, soğan, kıyılmış kişniş ve lahana ile doldurun. Vinaigrette gezdirin ve servis yapın.

43. Porto Rikolu Taco

İÇİNDEKİLER:

- Mısır taco kabukları
- Peynir
- Pişmiş kıyma
- A Tatlı sarı plantain (pişirilmiş ve parçalar halinde kesilmiş)

TALİMATLAR:

a) Tortillanıza iki büyük kaşık kıyma koyun.

b) Tortillanıza iki muz parçası ekleyin.

c) Üzerine biraz peynir koyun ve yemeye hazır!

d) Eğlence!

44. Etli Taco Güveç

İÇİNDEKİLER:

- 1 lb kıyma
- 1 soğan, doğranmış
- 1 (10 ons) enchilada sosu veya salsa olabilir
- 1 (8 ons) domates sosu olabilir
- 1 (15 ons) siyah fasulye, durulanmış ve süzülmüş olabilir
- 1 su bardağı donmuş mısır
- 1 (8-10 adet) az yağlı buzdolabı bisküvisi
- 1 su bardağı rendelenmiş yağı azaltılmış Meksika harman peyniri
- ⅓ su bardağı kıyılmış yeşil soğan

TALİMATLAR:

a) Fırını 350 ° F'ye ısıtın.

b) 13 x 9 x 2 inçlik fırın tepsisini yapışmaz pişirme spreyi ile kaplayın.

c) Büyük bir yapışmaz tavada et ve soğanı et pişene kadar pişirin; fazla yağı boşaltın.

d) Enchilada sosu veya salsa, domates sosu ve siyah fasulye ve mısırı iyice karıştırarak karıştırın. Bisküvileri dörde bölün.

e) Sebze karışımını et karışımına karıştırın, ardından fırın tepsisine aktarın. En son bisküvi parçalarını ekleyip karıştırın.

f) 25 dakika pişirin. Fırından çıkarın ve üzerine peynir ve yeşil soğan serpin. Pişirme kabını tekrar fırına koyun ve 5-7 dakika daha veya peynir eriyene kadar pişirin.

45. Sığır Kişnişli Taco

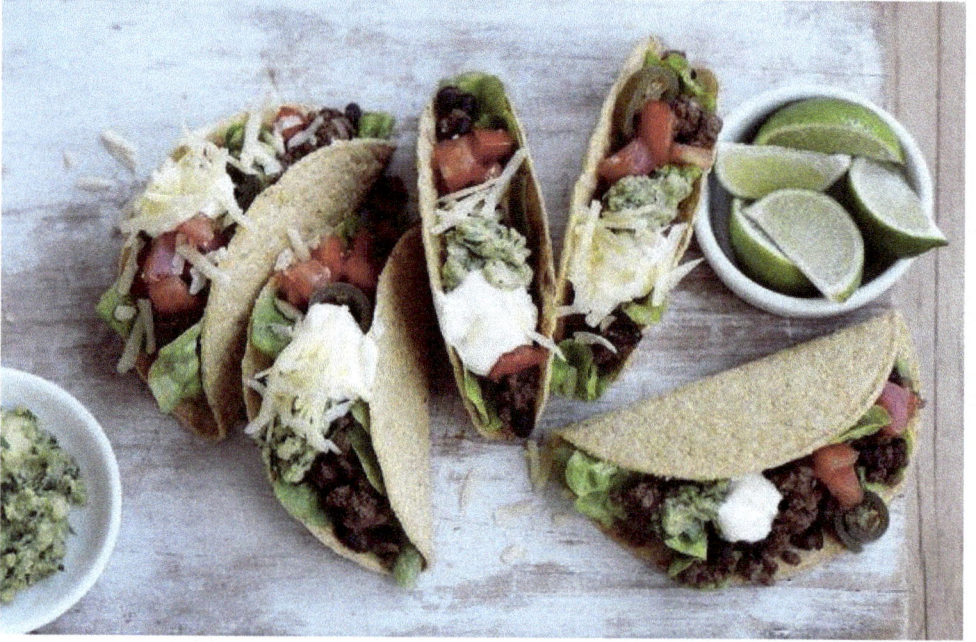

İÇİNDEKİLER:

- 1 paket yumuşak mısır veya buğday ekmeği
- 2 yemek kaşığı pul biber
- 1 yemek kaşığı öğütülmüş kimyon
- $\frac{1}{2}$ çay kaşığı acı biber
- 2 çay kaşığı koşer tuzu
- 2 yemek kaşığı bitkisel yağ
- 1 büyük beyaz soğan, doğranmış
- 16 ons kıyma
- 2 diş sarımsak, kıyılmış
- ⅔ su bardağı et suyu
- Meksika Karışımı Rendelenmiş Peynir, tatmak için
- Tatmak için Tamamen Doğal Ekşi Krema
- 1 büyük domates, çekirdekleri çıkarılmış, doğranmış
- $\frac{1}{4}$ bardak taze kişniş yaprağı, doğranmış

TALİMATLAR:

a) Pul biber, kimyon, acı biber ve tuzu küçük bir kavanozda birleştirin ve birleştirmek için sallayın. Kenara koyun. Yağı büyük bir dökme demir tavada orta-yüksek ateşte ısıtın.

b) Yağ parladığında, doğranmış soğanın yarısını yarı saydam olana ve yaklaşık 3 ila 4 dakika kahverengileşmeye başlayana kadar soteleyin.

c) Kıyma ve sarımsak ekleyin ve kızarana kadar yaklaşık 3 ila 4 dakika pişirin. Bir kavanoz kombine baharat ve et suyu ekleyin. Birleştirmek için karıştırın.

d) Bir kaynamaya getirin ve kalınlaşana kadar yaklaşık 2 ila 3 dakika pişirin.

e) Sos koyulaşınca altını kısın.

f) Ayrılmış doğranmış soğanı, doğranmış domatesi ve doğranmış kişnişi birleştirin. Küçük kaseye yerleştirin.

g) Bir tortilin ortasına az miktarda peynir koyarak tacoları birleştirin, ardından peyniri eritmek için biraz sıcak et/sos karışımı ekleyin.

h) Üzerine soğan-domates-kişniş karışımı ve bir parça ekşi krema ekleyin. Toplanın ve keyfini çıkarın!

46. Domates Çorbası dana tacos

Yapar: 24 Porsiyon

İÇİNDEKİLER:

- 2 pound Kıyma
- ½ su bardağı doğranmış yeşil biber
- 1 kutu Et suyu
- 1 kutu domates çorbası
- 2 yemek kaşığı doğranmış kiraz biber
- 24 Taco kabuğu
- 1 rendelenmiş çedar peyniri
- 1 Parçalanmış Monterey jakı
- 1 doğranmış soğan
- 1 rendelenmiş marul
- 1 adet doğranmış domates

TALİMATLAR:

a) Kızartma tavasında dana etini kahverengileştirin ve yeşil biberi yumuşayana kadar pişirin; eti ayırmak için karıştırın.

b) Çorbalar ve kiraz biber ekleyin. 5 dakika kısık ateşte pişirin; ara sıra karıştır.

c) Her taco kabuğunu 3-4 yemek kaşığı et karışımı ile doldurun; her birini kalan malzemelerle doldurun.

47. Yumuşak tacos ile ızgara kuzu

Yapar: 1 porsiyon

İÇİNDEKİLER:
- 1 pound Kesilmiş kemiksiz kuzu budu; veya sığır filetosu biftek
- 3 diş sarımsak; püresi
- $1\frac{1}{2}$ inç parça taze zencefil; soyulmuş ve kıyılmış
- $\frac{1}{2}$ bardak Hafif jalapeno jöle veya reçel
- 4 un ekmeği
- süslemek için salsa

TALİMATLAR:
a) Kuzu $\frac{1}{2}$ inçlik dilimler halinde kesin; kenara koymak Sarımsak, zencefil ve jöleyi birleştirin.

b) Zencefil karışımını her bir kuzu dilimine yayın.

c) Bu arada, bir dış mekan ızgarasını, set üstü ızgarayı veya ağır, terbiyeli tavayı orta-yüksek dereceye kadar önceden ısıtın.

d) Pişirmek için kuzu dilimlerini ayırın ve ızgaraya veya tavaya koyun; orta pişmiş olana kadar her bir tarafta iki ila üç dakika kızartın.

e) Bu arada, tortillaları plastik bir torba içinde mikrodalgada bir dakika veya bir brülörün üzerinde kısaca ısıtın.

f) Dolguyu tortillalara bölün ve her tortillayı dolgunun etrafına sarın. İsterseniz bir kase salsa ile servis yapın.

48. Izgara domuz eti takoları ve papaya salsa

Yapar: 5 Porsiyon

İÇİNDEKİLER:

- 1 papaya; soyulmuş, tohumlanmış, $\frac{1}{2}$ inç küpler halinde kesilmiş
- 1 küçük kırmızı biber; tohumlu ve ince kıyılmış
- $\frac{1}{2}$ su bardağı Kırmızı soğan; kıyılmış
- $\frac{1}{2}$ su bardağı Kırmızı dolmalık biber; kıyılmış
- $\frac{1}{2}$ su bardağı taze nane yaprağı; kıyılmış
- 2 yemek kaşığı Lime suyu
- $\frac{1}{4}$ pound Domuz kemiksiz orta fileto rosto; şeritler halinde kesmek
- $\frac{1}{2}$ fincan taze papaya; kıyılmış
- $\frac{1}{2}$ su bardağı taze ananas; kıyılmış
- 10 Un ekmeği, ısıtılmış
- 1$\frac{1}{2}$ su bardağı Monterey Jack peyniri; rendelenmiş (6 ons)
- 2 yemek kaşığı Margarin veya tereyağı; erimiş

TALİMATLAR:

a) 10 inçlik tavada orta ateşte yaklaşık 10 dakika domuz eti pişirin, ara sıra karıştırarak artık pembeleşinceye kadar; boşaltmak.

b) Papaya ve ananası karıştırın. Sıcak olana kadar ara sıra karıştırarak ısıtın. Fırını 425F'ye ısıtın.

c) Her bir tortilin yarısına yaklaşık $\frac{1}{4}$ fincan domuz eti karışımını kaşıklayın; üzerine yaklaşık 2 yemek kaşığı peynir ekleyin.

d) Ekmeği doldurma üzerine katlayın. Doldurulmuş tortillalardan beşini yağlanmamış jöleli rulo tavada düzenleyin, 15 ½x10 ½x1 inç; eritilmiş margarin ile fırçalayın.

e) Yaklaşık 10 dakika veya açık altın kahverengi olana kadar açıkta pişirin. Kalan tacolarla tekrarlayın. Papaya Salsa ile servis yapın.

49. Kıyılmış Domuz Tacos

Yapar: 12 porsiyon

İÇİNDEKİLER:
- $\frac{1}{2}$ pound domuz rostosu
- 12 yumuşak ev yapımı taco
- 1 bardak dilimlenmiş soğan
- $\frac{1}{2}$ su bardağı doğranmış domates ve 1 avokado
- 1 kutu domates ve 2-3 jalapeno biber
- $\frac{1}{2}$ fincan ekşi krema sosu
- 1 ancho chili & 1 su bardağı su
- 1 bardak kıyılmış marul
- $\frac{1}{2}$ çay kaşığı tuz ve karabiber
- 1 su bardağı rendelenmiş çedar peyniri

TALİMATLAR:
a) Büyük bir tencereye doğranmış domuz etini, sebzeleri, suyu ve baharatları ekleyin, ara sıra karıştırarak 20 dakika pişirin. Sebzeleri ve tavuk etini pişirme sıvısından çıkarın ve küçük parçalar halinde doğrayın.

b) Ev yapımı ekmeği marul, domuz eti, sebzeler, ekşi krema sosu, rendelenmiş peynir, doğranmış domates ve avokado ile birleştirin.

50. Domuz Eti ve Yumurtalı Taco

Yapar: 5-6

İÇİNDEKİLER:
- 10 tortilla
- Tam pişmiş domuz sosisi (1 paket)
- 3 yumurta
- ½ su bardağı çedar peyniri, kabaca rendelenmiş
- 1 avokado, dilimlenmiş
- Tuz
- Biber

TALİMATLAR:
a) Yumurtaları tuz ve karabiberle çırpın ve yüksek ateşte pişirin.

b) Her iki tarafı da yaklaşık birer dakika pişirdiğinizden emin olun.

c) Sosisleri paket menünüzdeki talimatlara göre ısıtın.

d) Sosisleri, artık et, tavuk veya sebzeler dahil olmak üzere evde sahip olduğunuz diğer proteinli yiyeceklerin yerine de kullanabilirsiniz.

e) Yumurtaları çıkarın ve ekmeği ısıtın. Isıyı kapatın ve bunu yapmak için hala sıcak olan kuşaktan gelen ısıyı kullanın.

f) Yumurtayı tortilla sayısına göre dilimleyin ve bir parça yumurta, sucuk, avokado, peynir ve tercihinize göre garnitür yerleştirin. Pastırma ve hash browns da ekleyebilirsiniz.

g) Kireç ve salsa ile servis yapın.

51. Domuz Karnitası Tacos

Yapar: 8

İÇİNDEKİLER:

- 1½ kg domuz omuzu kesilmiş, 1 ½ inçlik parçalar halinde doğranmış
- ½ kg domuz yağı, küçük parçalar halinde dilimlenmiş
- 1 su bardağı tavuk suyu
- 1 yemek kaşığı tuz
- 1 çay kaşığı karabiber
- 8 mısır ekmeği

TALİMATLAR:

a) Büyük bir tencerede domuz sırtını, domuz karnını, tuzu ve karabiberi kaynatın. Kaynatma

b) en az iki saat veya domuz eti kolayca parçalanacak kadar yumuşayana kadar.

c) Tencereyi çıkarmadan önce sıvıyı on dakika azaltın.

d) Haşlanmış domuzun yarısını (ve suyunu) büyük bir tavaya koyun ve domuz eti kendi yağında cızırdamaya başlayana kadar yüksek ateşte pişirin. Domuz eti kahverengileşmeye ve gevrekleşmeye başladığında, tavadan çıkarın. İşlemi domuzun geri kalanıyla tekrarlayın.

e) Domuzu bir tortillaya koyun, dilimlenmiş avokado, kıyılmış lahana, soğan, kabak, dolmalık biber, misket limonu ve sos gibi seçtiğiniz sebzelerle süsleyin.

52. Taco Kamyon Tacoları

Yapar: 4 porsiyon

İÇİNDEKİLER:
- 1½ pound domuz omzu (rendelenmiş)
- 2 limon
- 12 mısır ekmeği
- 1 demet kişniş
- ½ bardak doğranmış soğan
- Turp, avokado ve taze Domates

TALİMATLAR:
a) Daha önce kimyon, tuz ve karabiberle çeşnilendirdiğiniz eti orta boy bir tavada kızartmaya başlayın.

b) Bittiğinde ekmeğin her iki tarafını da ısıtın ve üzerlerine et; soğan, avokado, domates ve biraz limon suyu ekleyin.

53. Izgara Kielbasa ile Tacos

Yapar: 4

İÇİNDEKİLER:
- 1 kırmızı soğan (4 parçaya bölünmüş)
- 2 dolmalık biber (kırmızı ve uzunlamasına kesin. Çekirdeklerini çıkarın)
- 1 demet taze soğan
- 3 yemek kaşığı zeytinyağı
- Tuz
- Biber
- ⅓ bardak limon suyu
- 750 gram kielbasa sosisi, dikey olarak ikiye bölün
- 8 mısır ekmeği
- Kişniş

TALİMATLAR:
a) Orta yüksek ısıya ayarlanmış bir ızgarada soğan, dolmalık biber ve yeşil soğanı yağ ile birlikte atın.

b) Tuz ve karabiber serpin ve sebzeler hafif kömürleşmiş bir görünüm alana kadar ızgara yapın.

c) Yine de 2 dakika sonra taze soğanları çıkarmayı unutmayın!

d) Onları ısıdan çıkarın ve soğumaya bırakın.

e) Soğanı 1 inç uzunluğunda dilimler halinde dilimleyin ve limon suyuyla atın. Aynı şekilde dolmalık biberlerin kabuklarını soyun, 1 inç uzunluğunda dilimler halinde kesin ve ayrı bir kaba koyun. Yeşil soğan farklı bir tabağa yerleştirilmelidir.

f) Sosisleri her biri yaklaşık 5 dakika ızgara yapın ve yeşil soğanlarla birlikte yerleştirin.

g) Hafif kömürleşmiş bir görünüm vermek için ekmeği ızgara yapın.

h) Tüm malzemeleri her bir tortillaya koyun ve üzerine sıkmak için acı sos ve taze limonla servis yapın.

54. Picadillo tacoları

Yapar: 1 porsiyon

İÇİNDEKİLER:
- $\frac{1}{2}$ su bardağı kuru üzüm
- $\frac{1}{4}$ fincan Tekila
- $\frac{1}{2}$ pound Toplu domuz sosisi
- $\frac{1}{2}$ pound Kıyma
- 1 orta boy Soğan, doğranmış
- 3 Diş sarımsak, kıyılmış
- 1 konserve (14 $\frac{1}{2}$ ons) bütün domates, doğranmış, SÜZMEMİŞ
- 1 kutu (4 oz) doğranmış yeşil biber, süzülmüş
- 2 yemek kaşığı şeker
- 1 çay kaşığı öğütülmüş tarçın
- $\frac{1}{4}$ çay kaşığı Öğütülmüş kimyon
- 1 çizgi Öğütülmüş karanfil
- 12 7 inç un ekmeği
- ⅓ su bardağı pekan cevizi, ince kıyılmış
- Kıyılmış marul, isteğe bağlı

TALİMATLAR:

a) Küçük bir tencerede kuru üzüm ve tekila birleştirin. Kaynamaya getirin; ateşten alın. 5 dakika bekletin.

b) Doldurmak için: Büyük bir tavada sosis, sığır eti, soğan ve sarımsağı et kahverengi olana kadar orta ateşte pişirin. Yağı boşaltın. Süzülmemiş kuru üzümleri, süzmemiş domatesleri, yeşil biberleri, şekeri, tarçını, kimyonu ve karanfilleri ilave edip karıştırın.

c) Kaynamaya getirin; ısıyı azaltın. Kapağı açık olarak yaklaşık 30 dakika veya sıvının çoğu buharlaşana kadar pişirin.

d) Bu arada ekmeği folyoya sarın. 350 derece fırında 10 dakika veya ılık olana kadar ısıtın. Cevizleri et karışımına karıştırın.

e) Servis yapmak için sıcak tortillaları marulla doldurun ve ardından doldurun. Katlayın veya yuvarlayın.

55. Domuz eti takoları, Kaliforniya usulü

Yapar: 6 porsiyon

İÇİNDEKİLER:

- 2 pound domuz bonfile
- 6 adet yeşil soğan
- 12 küçük taze mısır ekmeği
- 1 demet Kişniş; büyük saplar kaldırıldı
- Guacamole
- 1 bardak Ekşi krema
- 1 su bardağı Baharatlı Kırmızı Salsa
- 1 su bardağı Yeşil Şili Salsa

MARİNA İÇİN

- ½ su bardağı Taze sıkılmış portakal suyu
- 2 yemek kaşığı Taze sıkılmış limon suyu
- 1 çay kaşığı kıyılmış taze kekik
- ¼ çay kaşığı kimyon
- ½ çay kaşığı mercanköşk
- ½ çay kaşığı Tuz
- ¼ çay kaşığı İnce çekilmiş karabiber

TALİMATLAR:

a) Marine malzemelerini orta boy bir kapta birleştirin.

b) Karışana kadar çırpın. Domuzu sığ, alüminyum olmayan bir kaba koyun ve üzerine turşuyu dökün. 6 ila 12 saat buzdolabında marine edin.

c) Soğanın yeşil kısmını kesin, beyaz kısmın başladığı yere kadar 2 yarık yapın. Bu, soğanlara yelpaze şekli verecektir.

d) Fırını 350 dereceye kadar önceden ısıtın. Izgara tavasını orta derecede yüksek ısıda önceden ısıtın. Domuz eti her iki tarafta 15 ila 20 dakika veya iç sıcaklık 160 derece olana kadar ızgara yapın.

e) Yeşil soğanları marine ile yağlayın ve her iki tarafta yaklaşık 3 dakika ızgara yapın. Eti ve soğanı ızgaradan çıkarın, eti küçük parçalar halinde kesin ve ayırın.

f) Ekmeği alüminyum folyoya sarın ve fırında yaklaşık 10 dakika ısıtın.

g) Plakaları hazırlarken sıcak tutun. Bireysel servis tabaklarının dış kenarlarına birkaç dal kişniş, büyük bir parça Guacamole ve büyük bir parça ekşi krema yerleştirin.

h) Her bir tabağın yan tarafına 2 adet ısıtılmış ekmeği yerleştirin ve ortasına et ve ızgara yeşil soğanları yerleştirin.

i) Baharatlı Kırmızı ve Yeşil Şili Salsasını ayrı kaselerde geçirin.

j) Hemen servis yapın.

56. Bal-Kişniş Karides Yumuşak Tacos

Yapar: 4 porsiyon

İÇİNDEKİLER:

- 8 ekmeği
- 1 çay kaşığı bitkisel yağ
- ½ yemek kaşığı tuz ve karabiber
- 1 büyük soğan ve 1 jalapeno
- 3 dolmalık biber
- 2 çay kaşığı kişniş ve kimyon
- 2-4 diş sarımsak
- 4 yemek kaşığı taze kişniş ve bal
- 1 ½ pound kokteyl karides

TALİMATLAR:

a) Karidesleri, jalapeno biberini, soğanı, dolmalık biberi, baharatları ve sarımsağı orta boy bir tavada yumuşayana kadar pişirin.

b) Cam bir kasede, pürüzsüz bir karışım oluşana kadar taze kişniş ve balı birleştirin.

c) Karışımı her tortilin üzerine kaşıkla koyun; karidesleri ve biraz salsa sosu ekleyin.

57. Baja balıklı tako

Yapar: 4 porsiyon

İÇİNDEKİLER:

- 1 ½ pound çözülmüş taze tilapia filetosu
- 4 orta boy tam buğday ekmeği
- 1 yemek kaşığı taze kişniş
- 1 soğan, avokado ve domates (hepsi doğranmış)
- 2 çay kaşığı taco baharatı
- 2 su bardağı lahana salatası
- 1 limon (suyu)

TALİMATLAR:

a) Sebzeleri ince ince doğrayın ve lahanayı küçük parçalar halinde doğrayın.

b) Tilapia filetolarını taco baharatıyla tatlandırdıktan sonra yağlanmış yapışmaz yüzeyli tavada 5-6 dakika pişirin.

c) Balığın iki tarafını da yavaş yavaş pişirin ve üzerine biraz soğan, limon suyu ve domates ekleyin.

d) Her tortillayı mikrodalgada 1 dakika ısıtın, ardından balık filetolarını, sebzeleri, lahanayı, kişniş ve salsayı ekleyin.

58. karidesli tacolar

Yapar: 5 porsiyon

İÇİNDEKİLER:

- 1 pound soyulmuş karides
- 10 mısır ekmeği
- ½ su bardağı ekşi krema
- 1 yemek kaşığı baharat ve 1 adet pul biber
- 2 limon (meyve suyu için)
- ½ su bardağı kıyılmış mor lahana
- 2 yemek kaşığı sızma zeytinyağı

TALİMATLAR:

a) Chipotle, limon suyunun yarısı ve ekşi kremayı pürüzsüz bir macun oluşana kadar küçük bir kasede birleştirin.

b) Önceden ısıtılmış bir tavada soyulmuş karidesleri biraz baharatla pişirin.

c) Her tacoyu ısıtın ve üzerine rendelenmiş lahana, chipotle kreması, kızarmış karides ve sosla servis yapın.

59. Salantro Lahana Salatası ve Chipotle Mayo ile Balık Tacos

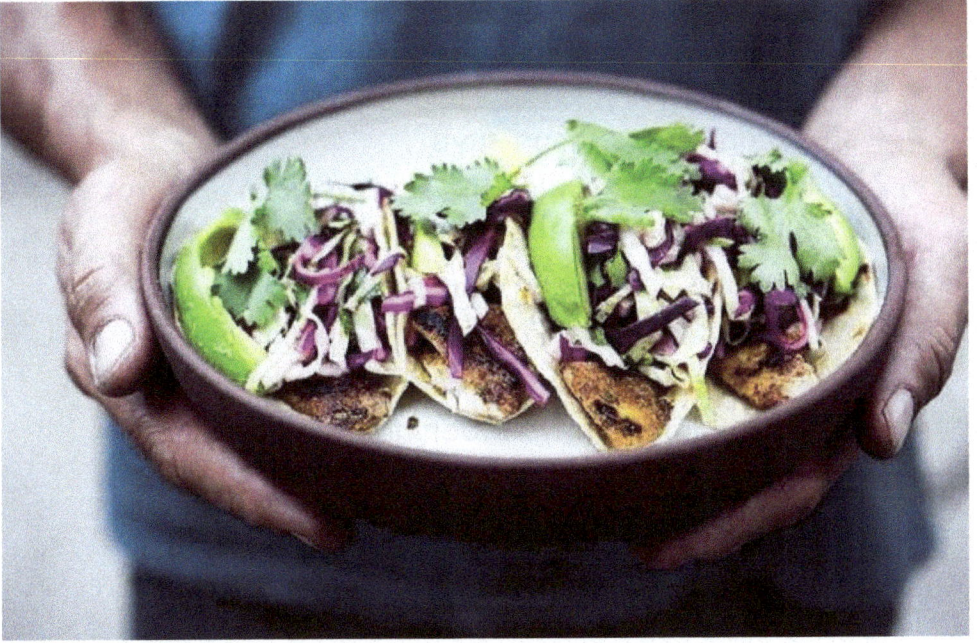

Yapar: 4 porsiyon

İÇİNDEKİLER:

- 1 pound tilapia balık filetosu
- 4 un ekmeği
- ½ su bardağı taze limon suyu
- 2 su bardağı 3 renkli lahana salatası karışımı
- ¼ fincan mayonez
- 1 adet adobo sosta ıslatılmış acı biber
- 1 su bardağı kıyılmış taze kişniş yaprağı
- 1 avokado ve 1 adet doğranmış domates
- 1 yemek kaşığı chipotle biberinden adobo sosu
- ¼ çay kaşığı tuz ve acı biber
- tuz ve öğütülmüş karabiber

TALİMATLAR:

a) Limon suyunu tilapia balık filetolarının üzerine dökün ve buzdolabında 4 saat bekletin.

b) Adobo sosu, acı biber, kırmızı biber, ¼ çay kaşığı tuz ve mayonezi orta boy bir kaseye alıp her şeyi karıştırarak chipotle mayonez sosunu hazırlamaya başlayın.

c) Balıkları buzdolabından çıkarın ve yağlanmış orta boy bir tavada 2-3 dakika soteleyin.

d) Her tortillaya 1 çorba kaşığı chipotle sosu yayın, pişmiş balıkları, sebzeleri ve baharatları ekleyin.

60. Izgara Karides ve Siyah Fasulye Tacos

Yapar: 6 porsiyon

İÇİNDEKİLER:

- 1 pound Soyulmuş karides
- 12 mısır ekmeği
- 2 yemek kaşığı pul biber
- 1 ½ yemek kaşığı sıkılmış limon suyu
- 1 su bardağı siyah fasulye
- Meksika usulü Çoban Salata
- ½ çay kaşığı sızma zeytinyağı
- ¼ çay kaşığı tuz
- 6 şiş

TALİMATLAR:

a) Izgarayı önceden ısıtın, ardından sosu hazırlayın, siyah fasulyeyi, limon suyunu, kırmızı biber tozunu ve tuzu orta boy bir tavada ısıtın.

b) Pürüzsüz bir hamur oluşunca karides şişlerini hazırlayın. Her iki taraf için yaklaşık 1-2 dakika kızartılmalı, ardından her bir karides fırçalanıp 2 dakika daha ızgara yapılmalıdır.

c) Karidesleri, sosu ve baharatları ekleyerek tortillanızı oluşturun.

61. Karartılmış Cabo Balık Tacos

Yapar: 4 porsiyon

İÇİNDEKİLER:

- 1½ pound beyaz balık ve 8 ons balık turşusu
- 12 mısır ekmeği
- ¾ pound Asya Lahana Salatası
- 9 yemek kaşığı limon ekşi krema
- 4 ons tereyağı
- 7 yemek kaşığı chipotle aioli
- 7 yemek kaşığı Pico de Gallo
- 2 yemek kaşığı karabiber baharatı
- Chipotle Aioli
- ¾ fincan mayonez
- 1 çay kaşığı limon suyu
- 1 yemek kaşığı hardal
- Kaşar tuzu ve öğütülmüş karabiber
- 2 adet sivri biber

TALİMATLAR:

a) Orta boy bir tencereye tuzsuz tereyağını eritmeye başlayın, marine edilmiş beyaz balığı ekleyin, biraz karabiber serpin ve her iki tarafını 2 dakika kızartın.

b) Her bir tortillayı iki tarafını ısıtın, kızarmış tavuğu, chipotle aioli sosunu, birkaç Pico de Gallo'yu, biraz Asya lahanasını ve biraz çeşniyi ekleyin.

62. Baharatlı Karides Tacos

Yapar: 2 porsiyon

İÇİNDEKİLER:

- 4 düşük karbonhidratlı tortilla
- 4 yemek kaşığı mango salsa sosu
- 16 büyük karides
- 1 yemek kaşığı taze doğranmış kişniş
- 1 bardak Romaine marul
- $\frac{1}{2}$ su bardağı çedar peyniri
- 4 çay kaşığı acı sos
- $\frac{1}{2}$ su bardağı kavrulmuş soğan
- 1 misket limonunun suyu

TALİMATLAR:

a) Karidesleri marine edip 5 dakika boyunca siracha sosuna geçirerek başlayın.

b) Izgarayı açın ve soğanları iyice pişene kadar birkaç dakika pişirin.

c) Ekşi krema, karides, marul, rendelenmiş peynir, ızgara soğan ve diğer çeşnilerle her bir tortillayı ve üstünü yerleştirin.

63. Tilapya Tacoları

Yapar: 1 porsiyon

İÇİNDEKİLER:
- 1 pound Tilapia balık filetosu
- 2 beyaz mısır ekmeği
- $\frac{1}{2}$ dilimlenmiş avokado
- $\frac{1}{4}$ çay kaşığı zeytinyağı
- 1 domates
- 1 beyaz soğan
- 1 limon suyu
- 1 avuç kişniş

TALİMATLAR:
a) Isıtılmış bir fırında tortillaları ve tilapia balık filetosunu her iki tarafta kızartmaya başlayın, ancak balığa biraz zeytinyağı, tuz ve karabiber ekleyin. Orta boy bir kapta domates, limon suyu, soğan ve baharatları karıştırın.

b) Her bir tortilin üzerine güzel bir tabaka kıyılmış balık koyun, kasedeki karışımı, dilimlenmiş avokadoyu ekleyin ve ardından kalan balığı üstüne yerleştirin.

64. Kireç Salatası Tepesi ile Mojito-Izgara Balık Tacos

Yapar: 8 porsiyon

İÇİNDEKİLER:

- 8 mısır ekmeği
- 2 yemek kaşığı limon suyu
- 2 yemek kaşığı kıyılmış nane yaprağı
- 1 kiloluk sert beyaz balık (pisi balığı, balığı veya morina balığı)
- 1 yemek kaşığı kanola yağı
- 1 taze jalapeno şili
- $\frac{1}{2}$ çay kaşığı tuz ve 1 çay kaşığı şeker
- Kireç Salatası
- 2 yemek kaşığı dakika
- $\frac{1}{2}$ su bardağı az yağlı mayonez
- 1 $\frac{1}{2}$ su bardağı kıyılmış lahana
- 1 yemek kaşığı taze limon suyu

TALİMATLAR:

a) Balık ve marine malzemelerini birleştirmeye başlayın, ardından 3 dakika buzdolabına koyun. Bittiğinde, balığı çıkarın ve güzelleşip sertleşene kadar her iki tarafını ızgara yapmaya başlayın.

b) Misket limonlu salatası hazırlamak için orta boy bir kaseye lahana, mayonez, limon suyu ve naneyi ekleyin ve her şeyi iyice karıştırın.

c) Balıkları her tortillaya yerleştirin, biraz lahana kaşığı ve sebze ekleyin.

65. Kişniş soslu ızgara balık takoları

Yapar: 2 porsiyon

İÇİNDEKİLER:
SOS
- $\frac{1}{4}$ su bardağı yeşil soğan ve kişniş
- 2 $\frac{1}{2}$ yemek kaşığı mayonez
- 3 yemek kaşığı ekşi krema
- 2 limon (meyve suyu)
- $\frac{1}{2}$ çay kaşığı tuz, karabiber ve 1 diş sarımsak

BALIK
- 2 pound kırmızı balığı biftek
- 4 mısır ekmeği
- 2 $\frac{1}{2}$ kutu lahana
- 1 yemek kaşığı kimyon ve kişniş
- $\frac{1}{2}$ çay kaşığı kırmızı biber, kırmızı biber ve sarımsak tuzu

TALİMATLAR:
a) Kişniş sosu malzemelerini orta boy bir kapta birleştirmeye başlayın, ardından bir kenara koyun.

b) Balık için biraz sarımsak tozu, kimyon, kırmızı biber, kişniş ve kırmızı biber ile tatlandırıp her iki tarafını da 5 dakika ızgarada pişirin.

c) Balık piştikten sonra uzunlamasına kesin ve tortillaların üzerine koyun, üzerine lahana ve 1 yemek kaşığı kişniş sosu ekleyin.

66. Sağlıklı Balık Takoları

İÇİNDEKİLER:

- Mahi mahi gibi 1 pound beyaz pul pul balık
- $\frac{1}{4}$ fincan kanola yağı
- 1 kireç, suyu sıkılmış
- 1 yemek kaşığı ancho biber tozu
- 1 jalapeno, iri kıyılmış
- $\frac{1}{4}$ bardak kıyılmış taze kişniş yaprağı
- 8 un ekmeği
- Kıyılmış beyaz lahana
- Acı sos
- Krema veya ekşi krema
- İnce dilimlenmiş kırmızı soğan
- İnce dilimlenmiş yeşil soğan
- Kıyılmış kişniş yaprakları

TALİMATLAR:

a) Izgarayı orta-yüksek dereceye ısıtın. Balığı bir tabağa koyun ve yağ, limon suyu, jalapeno, hamsi ve kişniş ekleyin. Balığı kaplamak için iyice karıştırın ve 20 dakika marine etmesine izin verin.

b) Balıkları marine sostan çıkarın ve etli kısmı alta gelecek şekilde ızgara yapın. 4 dakika ızgara yapın, ardından çevirin ve 30 saniye ile bir dakika arasında ızgara yapın.

c) Çatalla pul pul dökülmeden önce 5 dakika dinlendirin.

d) Ekmeği 20 saniye ızgara yapın.

e) Balıkları her tacoya dağıtın ve lahana, soğan, kişniş ile süsleyin.

f) Acı sos ile gezdirin ve seçtiğiniz salsa ekleyin.

67. Tomatillo salsa ile Cajun karides tacos

Yapar: 8 Porsiyon

İÇİNDEKİLER:

- 2 bardak Ekşi krema
- 2 çay kaşığı pul biber
- $\frac{1}{2}$ çay kaşığı acı biber
- $\frac{3}{4}$ pound Tomatillos, kabukları alınmış, durulanmış, dörde bölünmüş
- $\frac{1}{2}$ su bardağı iri doğranmış soyulmamış yeşil elma
- 2 yemek kaşığı İri kıyılmış taze fesleğen
- 2 yemek kaşığı İri kıyılmış taze nane
- $1\frac{1}{2}$ çay kaşığı Pul Biber
- $1\frac{1}{2}$ çay kaşığı kırmızı biber
- 2 pound Pişmemiş orta boy karides, soyulmuş, kabuğu çıkarılmış
- 2 yemek kaşığı zeytinyağı
- 1 yemek kaşığı Kıyılmış sarımsak
- 16 Satın alınan taco kabukları
- 1 büyük Demet su teresi, kesilmiş
- 2 Avokado, soyulmuş, çekirdeksiz, küp şeklinde doğranmış

TALİMATLAR:
EKŞİ KREMA İÇİN:
a) Karıştırmak için tüm malzemeleri orta kasede çırpın. Tuzlu sezon.
SALSA İÇİN:
b) Domates, elma, fesleğen ve naneyi mutfak robotunda ince ince doğrayın.
c) Küçük kaseye aktarın. Tuzla tatlandırın.
KARİDES İÇİN:

d) Biber tozu ve kırmızı biberi büyük bir kapta birleştirin. Karides ekleyin; kaplamak için atmak.

e) 5 dakika bekletin. Ağır büyük tavada yağı yüksek ateşte ısıtın.

f) Sarımsak ekleyin ve kokulu olana kadar yaklaşık 1 dakika soteleyin. Karides ekleyin; merkezde opak olana kadar yaklaşık 5 dakika soteleyin.

g) Tuz ve karabiber serpin. Küçük bir kaseye aktarın.

h) Fırını 350 ° F'ye ısıtın. Ağır büyük fırın tepsisine taco kabuklarını düzenleyin. Sıcak olana kadar yaklaşık 8 dakika pişirin. Kabukları peçete kaplı sepete yerleştirin.

i) Su teresinin yarısını tepsiye dizin.

j) Karides ile doldurun. Kalan su teresini doğrayın. Küçük kaseye yerleştirin.

k) Ekşi krema, salsa, avokado ve doğranmış su teresini ayrı kaselere koyun.

68. Ceviche tacos

Yapar: 4 Porsiyon

İÇİNDEKİLER:
- 1½ pound Kırmızı balığı filetosu; ½ inç parçalar halinde
- 10 limon suyu
- 1 Soğan; ince doğranmış
- 1 Jalapeno biberi; çekirdekli/ince kıyılmış
- 14½ ons Can domates
- ½ su bardağı mısır taneleri
- ¼ bardak Kıyılmış kişniş
- 2 yemek kaşığı zeytinyağı
- 2 yemek kaşığı Kediotu
- 1 yemek kaşığı Worcestershire sosu
- ½ çay kaşığı Kurutulmuş kekik
- Tuz; tatmak
- 8 mısır ekmeği
- 1 Kırmızı soğan; ince dilimlenmiş
- 1 Avokado; soyulmuş/dilimlenmiş

TALİMATLAR:
a) Büyük bir cam veya reaktif olmayan alüminyum kapta, balık ve limon suyunu nazikçe birleştirin. Örtün, soğutun ve gece boyunca marine edin.

b) Sabahları balığı çıkardığınızda, tamamen "pişirilmiş" ve yenmesi güvenli olacaktır.

c) Tacoları servis etmeye hazır olduğunuzda, büyük bir cam kasede soğan, jalapeno, domates, mısır kişnişi, zeytinyağı, ketçap, Worcestershire sosu ve kekiği birleştirin. İyice karıştırın. Tatmak için tuz ekleyin.

d) Balıkları süzün ve durulayın, domates karışımına ekleyin ve kaplamak için hafifçe karıştırın.

e) Ekmeği mikrodalgada veya fırında ısıtın. $\frac{1}{8}$ balık karışımını tortillaya koyun ve kırmızı soğan ve avokado ile süsleyin.

69. Yeşil salsa ile ızgara balık takoları

Yapar: 4 Porsiyon

İÇİNDEKİLER:

- $3\frac{1}{2}$ su bardağı ince kıyılmış kırmızı veya yeşil lahana
- $\frac{1}{4}$ bardak Beyaz damıtılmış sirke
- Tuz ve biber
- $\frac{3}{4}$ pound taze domates
- 2 yemek kaşığı salata yağı
- 1 Soğan, $\frac{1}{2}$ inç dilimler halinde kesin
- $1\frac{1}{2}$ pound Sert etli derisi yüzülmüş balık filetosu (lingcod, levrek)
- 4 Jalapeno biberi
- 2 çay kaşığı Kireç suyu
- $\frac{3}{4}$ su bardağı taze kişniş yaprağı
- 1 diş sarımsak
- 12 sıcak mısır veya az yağlı un ekmeği (6-7 inç)
- Az yağlı ekşi krema
- Kireç takozlar

TALİMATLAR:

a) Bazı süpermarketlerde ve Latino marketlerinde kağıt gibi kabuklu küçük yeşil tomatilloları arayın.

b) Lahanayı sirke ve 3 yemek kaşığı suyla karıştırın. Tatmak için tuz ve karabiber ekleyin. Örtün ve soğutun.

c) Tomatillolardan kabukları çıkarın ve atın; domatesleri durulayın.

d) Şişlere geçirin. Yağın bir kısmını soğan dilimlerinin üzerine hafifçe fırçalayın. Balıkları durulayın ve kurulayın. Balıkları kalan yağla fırçalayın.

e) Tomatillos, soğan ve biberleri bir barbekü ızgarasına yerleştirin.

f) Gerektiği gibi çevirerek sebzeler kızarana kadar 8-10 dakika pişirin.

g) Soğuması için kenara alın.

h) Balığı ızgaraya yerleştirin (orta-yüksek ısı). Balığın en kalın kısmı opak ama yine de nemli görünene kadar (test etmek için kesilmiş) bir kez çevirerek pişirin, 10-14 dakika.

i) Biberlerin saplarını çıkarın; tohumları çıkarın.

j) Bir blender veya mutfak robotunda domatesleri, acı biberleri, limon suyunu, $\frac{1}{4}$ c kişnişi ve sarımsağı pürüzsüz olana kadar çevirin. Soğan doğrayın. Doğranmış soğanı salsa karışımına ekleyin ve tadına bakmak için tuz ve karabiber ekleyin.

k) Küçük kaseye dökün.

l) Her tacoyu bir araya getirmek için bir tortillayı biraz lahana sosu, birkaç parça balık, salsa ve ekşi krema ile doldurun. Tatmak için bir miktar kireç ve tuz ve karabiber ekleyin.

70. Margarita karides tacos

Yapar: 6 Porsiyon

İÇİNDEKİLER:

- 1½ pound Kabuklu Karides; pişmemiş
- ½ bardak Tekila
- ½ bardak Kireç suyu
- 1 çay kaşığı Tuz
- 1 diş kıyılmış Sarımsak; veya daha fazlasını tatmak
- 3 yemek kaşığı zeytinyağı; veya daha az
- 2 yemek kaşığı Kıyılmış kişniş
- 24 un ekmeği; (6 veya 7 inç)
- Kıyılmış marul
- 1 Avokado; dilimlenmiş; yada daha fazla
- Salsa Fresca; ihyaç olduğu gibi
- 1 kutu (15 ons) siyah fasulye
- 1 kutu (10 oz) Mısır taneleri
- ½ bardak Kıyılmış kırmızı soğan
- ¼ su bardağı zeytinyağı
- 2 yemek kaşığı Lime suyu
- ¼ çay kaşığı Öğütülmüş kimyon
- ¼ çay kaşığı Kekik
- ¼ çay kaşığı Tuz

TALİMATLAR:

a) İstenirse, kuyruklarını tutarak karidesleri soyun ve soyun; kenara koymak Tekila, limon suyu ve tuzu birleştirin; karidesin üzerine dökün ve 1 saatten fazla marine etmeyin.

b) Kıyılmış sarımsakları 1 yemek kaşığı yağda açık kahverengi olana kadar soteleyin; karides ekleyin, pişirin ve 2 ila 3 dakika bitene kadar karıştırın. Gerektiği gibi yağ ekleyin.

c) Kişniş serpin ve sıcak tutun. Her taco için 2 yumuşak ekmeği birlikte katlayın; kıyılmış marul ve Siyah Fasulye ve Mısır Relish ile doldurun.

d) Karides, avokado dilimleri ve salsa ile süsleyin.

e) Siyah Fasulye ve Mısır Relish: Fasulyeleri durulayın ve süzün; mısır süzmek,

f) Fasulye ve mısırı kalan malzemelerle birleştirin; tatları karıştırmak için soğutun.

71. somon takoları

Yapar: 8 Taco

İÇİNDEKİLER:
- 418 gram Konserve alaska somonu
- 8 yemek kaşığı Fromage frais
- 50 gram Salatalık; dilimlenmiş
- ½ çay kaşığı Nane
- 8 adet hazır taco kabuğu
- 100 gram Iceberg marul, kıyılmış
- 3 Domates; kıyılmış
- 50 gram rendelenmiş çedar peyniri
- Süslemek için zeytin, hamsi veya doğranmış biber

TALİMATLAR:
a) Fırını 200 C, 400 F, Gaz işareti 6'ya önceden ısıtın.

b) Somon konservesini boşaltın. Balıkları soyun ve bir kenara koyun. Taze peynir veya Yunan yoğurdu, salatalık ve naneyi karıştırın. Kenara koyun.

c) Taco kabuklarını yumuşayana kadar 2-3 dakika fırında ısıtın.

d) Her bir kabuğa marul ve domates koyun, ardından somon parçaları, bir kaşık salatalık karışımı ve biraz rendelenmiş peynir ekleyin.

e) Süsleyin ve hemen servis yapın.

72. Mısır salsalı deniz mahsullü tacos

Yapar: 4 Porsiyon

İÇİNDEKİLER:
- 1 pound Rockfish filetosu
- 2 limon; suyu
- 2 çay kaşığı zeytinyağı
- 8 taze mısır ekmeği
- 1 su bardağı Mısır taneleri; pişmiş
- 1 orta boy Kırmızı soğan; kıyılmış
- 1 su bardağı Çekirdeksiz kıyılmış salatalık
- 2 Jalapeno biberi; kıyılmış veya tatmak
- ½ demet Kişniş; kıyılmış
- ½ su bardağı doğranmış kırmızı dolmalık biber
- ½ çay kaşığı Tuz; tatmak
- ½ çay kaşığı Biber; tatmak
- 2 limon; suyu
- Marul yaprakları veya kıyılmış lahana; isteğe bağlı
- Kireç takozlar; isteğe bağlı
- Kişniş dalları; isteğe bağlı

TALİMATLAR:
a) Balıkları limon suyu ve zeytinyağında 30 dakika marine edin.

b) Balıkları barbeküde ızgara yapın veya fırında her inç kalınlık için toplam 10 dakika, her bir tarafta yaklaşık 5 dakika kızartın. Et, merkezde opak hale geldiğinde balık hazırdır.

c) Ekmeği yumuşayana kadar ısıtın. 2 tortillayı yarıya kadar üst üste gelecek şekilde balığı ortasına yerleştirin ve zevkinize göre süsleyin. Tacoları bir arada tutmak için kürdan kullanın veya mumlu kağıtta yuvarlayın.

MISIR SOSU

d) Orta kapta, tüm malzemeleri birleştirin. Lezzetleri karıştırmak için 1 saat ayarlayalım.

73. Kırmızı balığı ile yumuşak tacos

Yapar: 4 Porsiyon

İÇİNDEKİLER:
- ¼ su bardağı zeytinyağı
- 2 Kırmızı soğan, ikiye bölünmüş ve ince dilimlenmiş
- 1 çay kaşığı Tuz
- 1½ çay kaşığı Biber
- 2 çay kaşığı kıyılmış taze kekik
- 1½ pound Kırmızı balığı, lokma büyüklüğünde parçalar halinde kesilmiş
- 1 çay kaşığı Kıyılmış sarımsak
- 2 çay kaşığı Kireç suyu
- 2 çay kaşığı soya sosu
- 2 çay kaşığı Kıyılmış taze kekik
- 8 Yumuşak mısır ekmeği, ısıtılmış
- 3 su bardağı kıyılmış marul

TALİMATLAR:
a) Bir tavada 2 yemek kaşığı yağı orta derecede yüksek ateşte sıcak olana kadar ısıtın. Soğan, tuz, ½ çay kaşığı biber ve kekik ekleyin ve zengin altın rengi olana kadar soteleyin.

b) Başka bir tavayı orta derecede yüksek ateşte sıcak olana kadar ısıtın ve kalan 2 yemek kaşığı yağı ekleyin. Döndürün ve balığı ekleyin.

c) Sık sık çevirerek 2 dakika soteleyin, sarımsak, limon suyu ve soya sosu ekleyin ve sıvı neredeyse buharlaşana ve balığın rengi hafif altın rengi olana kadar soteleyin.

d) Kekik ve kalan biberi ekleyin ve birleştirmek için fırlatın. Soğan karışımını ekleyin ve iyice atın.

e) Ekmeği marulla doldurun ve üstüne balığı ve soğan karışımını ekleyin.

74. Taze Meyve Tacoları

İÇİNDEKİLER:

- Tam buğday ekmeği (küçük)
- su
- öğütülmüş tarçın
- Şeker
- Yunan yoğurdu (vanilya aromalı)
- Seçtiğiniz taze meyve (doğranmış):
- Çilekler
- Mangolar
- Ananas
- kivi

TALİMATLAR:

a) Fırını 325 ° F'ye ısıtın.

b) Yuvarlak, plastik bir kurabiye kalıbı kullanarak tam buğday ekmeğinden küçük daireler kesin (küçük tortilla başına yaklaşık 2 adet).

c) Bu küçük ekmeği bir fırın tepsisine koyun. Suyu küçük bir kaseye koyun; Ekmeğin üst tarafını bir teyel fırçası kullanarak hafifçe suyla kaplayın.

d) Bir kapta az miktarda toz tarçın ve şekeri karıştırın; nemli ekmeği tarçın ve şeker karışımı ile tozlayın.

e) Maşa kullanarak, her tortillayı tost makinesindeki tel rafın üzerine ayrı ayrı asın ve tortilin kenarlarının raftaki iki metal çubuk arasına düşmesine izin verin.

f) Yakl. 5–7 dakika, ekmeği periyodik olarak kontrol edin.

g) Maşa kullanarak ekmeği raftan kaldırın ve bir soğutma rafına aktarın; Ekmeği soğutmak için bu baş aşağı konumda kalmalıdır, bu taco şeklini oluşturmanın son adımıdır.

h) Soğutulmuş taco kabuklarını bir tabağa aktarın ve tortilla kabuğuna bir parça vanilyalı Yunan yoğurdu koyun;

Kabuğun altını ve yanlarını düzleştirmek ve kaplamak için bir kaşık kullanın.

i) En sevdiğiniz meyveyi kabuğa koyun ve tadını çıkarın!

75. <u>Meyve dolgulu az yağlı kakaolu tacolar</u>

Yapar: 6 Porsiyon

İÇİNDEKİLER:
- $\frac{1}{4}$ bardak Un
- $\frac{1}{4}$ su bardağı Şeker
- 1 yemek kaşığı Pişirme kakao
- 2 yemek kaşığı %2 süt
- 2 yemek kaşığı Yağ
- 1 yumurta akı
- 1 çay kaşığı vanilya özü
- tatmak için tuz
- 8 ons Meyve aromalı az yağlı yoğurt
- 4 Kivi meyvesi; soyulmuş, dilimlenmiş
- 6 büyük Çilek; dilimlenmiş
- 8 ons Mango sosu
- 1 ons Ahududu sosu
- 1 litre taze ahududu
- 6 Dal taze nane

TALİMATLAR:
a) İlk 8 malzemeyi kasede birleştirin; pürüzsüz olana kadar çırpın. 2 saat boyunca örtün, soğutun.

b) Orta ateşte ısıtılmış yapışmaz 8 inçlik tavaya bir seferde 3 yemek kaşığı koyun. 2 dakika veya hamur kuru görünene kadar pişirin; dönüş. 1 dakika daha pişirin. Çıkarın ve tel rafın üzerine örtün; 15 ila 20 dakika soğutun.

c) Pişen her kabuğun yarısına yoğurt sürün. Yoğurdun üzerine alternatif 5 dilim kivi ve 5 dilim çilek. Taco oluşturmak için kabukları katlayın.

d) 6 plakanın alt yarısına 3x4 inçlik oval mango sosları yayın.

e) Ahududu sosunu 2 şerit halinde çorbanın üzerine sıkın. Sosları bıçakla gezdirin.

f) Her tabağa coulis'in yanına 1 taco koyun. Her tabağı ahududu ve nane ile süsleyin.

76. Hindistan cevizi meyve tacos

Yapar: 6 porsiyon

İÇİNDEKİLER:

- ⅓ su bardağı pişmiş hindistan cevizi
- 1 su bardağı çilek, dilimlenmiş
- ½ su bardağı Çekirdeksiz yeşil üzüm, ikiye bölünmüş
- 1 orta boy elma, soyulmuş, özlü ve doğranmış
- 1 küçük Muz, dilimlenmiş
- 2 yemek kaşığı Dökülebilir meyve, herhangi bir tat
- 6 Taco kabuğu
- ⅓ su bardağı vanilyalı yoğurt

TALİMATLAR:

a) Fırın tepsisine hindistan cevizini yayın.

b) Sık sık karıştırarak 7 ila 12 dakika 350 F fırında kızartın.

c) Bu sırada orta kasede çilekleri, üzümleri, elmayı, muzu ve dökülebilir meyveleri karıştırın.

d) Taco kabuklarını meyve ile eşit şekilde doldurun.

e) Tacoları eşit şekilde yoğurtla doldurun.

f) Kızarmış hindistancevizi serpin.

77. Rendelenmiş çikolata ile kızarmış ananas ve portakal tacos

Yapar: 6 Porsiyon

İÇİNDEKİLER:

- $\frac{1}{2}$ orta boy Ananas; soyulmuş, özlü, 1'e kesilmiş
- 2 Portakal; soyulmuş, tohumlanmış, dilimlenmiş
- 2 yemek kaşığı esmer şeker
- 4 yemek kaşığı Tereyağı
- $1\frac{1}{2}$ yemek kaşığı Pudra şekeri
- 6 Mısır veya un ekmeği
- $1\frac{1}{2}$ su bardağı ağır (çırpma) krema
- $\frac{1}{2}$ su bardağı kıyılmış taze nane yaprakları
- 2 ons Bitter çikolata; İnce rendelenmiş

TALİMATLAR:

a) Ananas ve portakal parçalarını büyük, tepkimeye girmeyen bir tavaya koyun. Kahverengi şeker serpin.

b) Orta-yüksek ateşte yaklaşık 3 dakika kahverengileşmeye başlayana kadar pişirin.

c) Sıvı buharlaşana ve parçalar 2 ila 3 dakika daha kızarana kadar diğer tarafta çevirin ve pişirin.

d) Çıkarın ve bir kenara koyun.

e) 1 çorba kaşığı tereyağı ve $\frac{1}{2}$ çorba kaşığı pudra şekerini tortilla alacak kadar büyük bir tavaya koyun.

f) Tereyağı ve şeker eriyene kadar orta-yüksek ateşte ayarlayın. Karıştırmak.

g) Bir tortilla ekleyin ve 30 saniye kızartın.

h) Diğer tarafta kızarana ve hafifçe çıtır çıtır olana kadar 30 ila 45 saniye daha çevirin ve kızartın. Kaldırmak.

i) Tavaya gerektiği kadar daha fazla tereyağı ve şeker ekleyerek kalan ekmeği ile devam edin.

j) Birleştirmek için kremayı yumuşak tepeler oluşana kadar çırpın. Ananas-portakal karışımının yaklaşık ⅓ fincanını şeker kaplı tortilin ortasına yayın.

k) Çırpılmış krema, nane yaprakları ve bir tutam rendelenmiş çikolata ile süsleyin. Katlayın ve servis yapın.

78. Çocuklar için balık taco

Yapar: 1 porsiyon

İÇİNDEKİLER:
- Dondurulmuş ekmekli balık çubukları
- Taco Sosu
- Marul
- Domates, doğranmış
- Çedar peyniri, rendelenmiş
- Ekşi krema
- Taco kabukları

TALİMATLAR:
a) Balık çubuklarını paket talimatlarına göre pişirin.
b) Pişirildiğinde, her tacoya bir balık çubuğu koyun.
c) Çeşitli sosları ekleyin ve hemen servis yapın.

79. dondurmalı tacolar

Yapar: 6 Porsiyon

İÇİNDEKİLER:

- 2 yemek kaşığı şeker
- $\frac{1}{2}$ çay kaşığı öğütülmüş tarçın
- $1\frac{1}{2}$ yemek kaşığı Tereyağı, eritilmiş
- 8 (5 inç) taco kabuğu
- 1 litre Dondurma, herhangi bir tat

TALİMATLAR:

a) Bir kapta şeker ve tarçını birleştirin. Kenara koyun. Her bir taco kabuğunun içine hafifçe tereyağı sürün. şeker karışımı serpin, kenara koyun. Dondurma kartonunun kapağını çıkarın.

b) Dondurmayı çıkarın ve bir kesme tahtası üzerine yerleştirin.

c) Dört dilim halinde kesin. Her dilimi ikiye bölün. Her bir yarısını hazırlanmış bir taco kabuğuna yerleştirin. Dondurma taco'larını 13x9x2 inçlik bir fırın tepsisine yerleştirin.

d) Plastik sargı veya folyo ile sıkıca örtün ve dondurun.

e) Servis sırasında tacoları bir tabağa aktarın.

f) Dilimlenmiş çilek, yaban mersini, çırpılmış krema, kıyılmış fındık, kızarmış hindistancevizi, çikolata veya karamel sosu gibi çeşitli soslarla servis yapın.

80. Çıtır Nohutlu Tacos

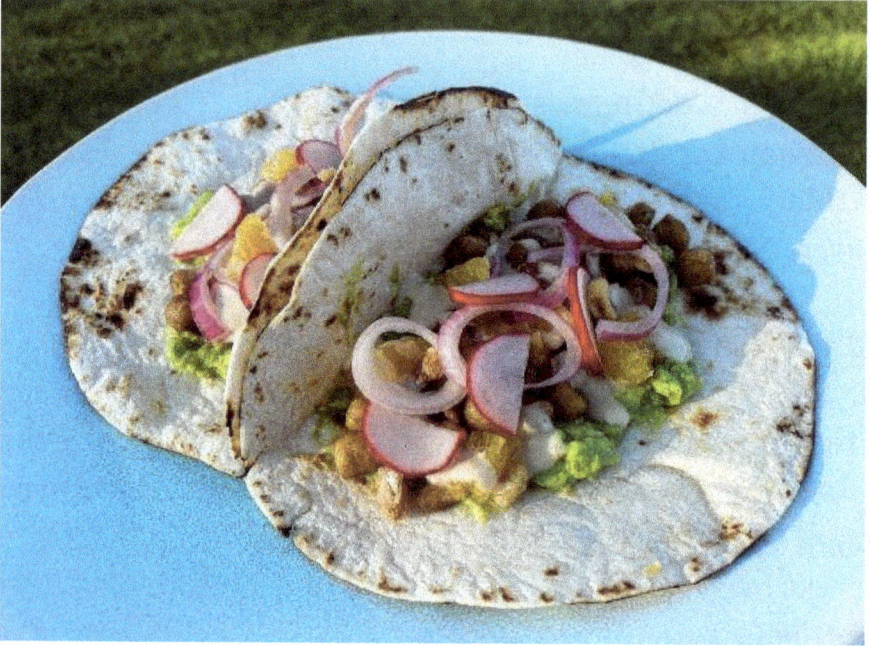

Yapar: 6 taco

İÇİNDEKİLER:

- 6 mısır veya un ekmeği
- 15 onsluk bir nohut konservesi, durulanmış ve süzülmüş
- ½ çay kaşığı ancho biber tozu
- 3 su bardağı kıyılmış yeşil lahana
- 1 su bardağı rendelenmiş havuç
- ½ fincan ince dilimlenmiş kırmızı soğan
- ½ su bardağı tohumlanmış ve küçük doğranmış poblano biber
- ½ fincan dilimlenmiş yeşil soğan
- ¼ bardak kıyılmış taze kişniş
- ¼ bardak Tofu Kaju Mayonez 1 porsiyon
- 2 yemek kaşığı limon suyu ¼ çay kaşığı deniz tuzu
- 1 avokado, çekirdeksiz ve dilimlenmiş
- 1 yemek kaşığı Sriracha

TALİMATLAR:

a) Fırını 375 ° F'ye ısıtın.

b) bir kaba yerleştirerek ve 5-10 dakika çıtır çıtır olana kadar fırında pişirerek şekillendirin.

c) Büyük bir karıştırma kabında nohutları çatalla ezin ve pul biber serpin.

d) Lahana, havuç, kırmızı soğan, poblano biberi, yeşil soğan, kişniş, mayonez ve limon suyunu ekleyin.

e) En son tuzu ekleyerek iyice karıştırın.

f) Salata karışımını taco kaselerine paylaştırın ve üzerine dilimlenmiş avokado ekleyin. Tacolarınızı baharatlı seviyorsanız Sriracha ekleyin.

81. tempeh tacos

Yapar: 3 ila 4 porsiyon

İÇİNDEKİLER:
- Yağ, tava için
- 1 paket (8 ons) tempeh
- $1\frac{3}{4}$ su bardağı şekersiz pirinç sütü
- 1 yemek kaşığı Dijon hardalı
- 1 yemek kaşığı soya sosu veya tamari
- $\frac{1}{2}$ çay kaşığı kırmızı biber
- 2 yemek kaşığı dulse gevreği
- 1 yemek kaşığı besin mayası
- $\frac{1}{4}$ su bardağı mısır unu
- 13. fincan panko tarzı galeta unu
- Tacos için 1 yemek kaşığı ararot Mısır ekmeği
- 1 avokado, dilimlenmiş

TALİMATLAR:
a) Fırını 350 derece F'ye önceden ısıtın. Bir fırın tepsisine yağ püskürtün. Tempeyi 2 inç uzunluğunda ve $\frac{1}{2}$ inç kalınlığında parçalar halinde kesin. Islak malzemeleri birlikte çırpın ve bir kenara koyun.

b) Kuru malzemeleri bir mutfak robotuna koyun ve karışım ince bir un haline gelene kadar birkaç kez çekin. Küçük bir kaseye koyun. Her tempeh parçasını pirinç sütü karışımına bulayın, ardından ekmek kırıntısı karışımıyla atın.

c) Fırın tepsisine yaklaşık bir inç arayla üç sıra halinde yerleştirin. Parçaların üzerine yağ püskürtün, ardından 15 dakika pişirin. Çevirin ve 15 dakika daha pişirin.

d) Hemen dilimlenmiş avokado ve mango-şeftali salsa ile mısır tortillasında servis yapın.

82. Chipotle Kremalı Mantarlı Tacos

Yapar: 4

İÇİNDEKİLER:

- 1 orta boy kırmızı soğan, ince dilimlenmiş
- 1 büyük portobello mantarı, $\frac{1}{2}$ inçlik küpler halinde doğranmış
- 6 diş sarımsak, kıyılmış
- tatmak için deniz tuzu
- 12 6-inç mısır ekmeği
- 1 su bardağı Chipotle Kremalı Sos
- 2 su bardağı rendelenmiş marul
- $\frac{1}{2}$ su bardağı kıyılmış taze kişniş

TALİMATLAR:

a) Büyük bir tavayı orta-yüksek ateşte ısıtın.

b) Kırmızı soğanı ve portobello mantarlarını ekleyin ve 4 ila 5 dakika karıştırarak kızartın.

c) Soğan ve mantarların birbirine yapışmaması için her seferinde 1-2 yemek kaşığı su ilave edin.

d) Sarımsağı ekleyin ve 1 dakika pişirin. Tuzlu sezon.

e) Mantarlar pişerken, yapışmaz yüzeyli bir tavaya 4 ekmeği ekleyin ve yumuşayana kadar birkaç dakika ısıtın.

f) Ters çevirin ve 2 dakika daha ısıtın. Kaldırmak

83. Mercimek, Lahana ve Quinoa Tacos

Yapar: 8 Porsiyon

İÇİNDEKİLER:
DOLGU
- 3 su bardağı pişmiş kinoa (1 su bardağı kuru)
- 1 su bardağı mercimek, pişmiş ($\frac{1}{2}$ su bardağı kuru)
- Bir parça Taco Çeşnisi
- 1 yemek kaşığı hindistan cevizi yağı
- 3 büyük lahana yaprağı, sapları çıkarılmış, doğranmış
- Mavi mısır taco kabukları

SOSU
- 2 avokado, çekirdeksiz, soyulmuş ve dilimlenmiş
- Taze kişniş yaprakları Taze misket limonu dilimleri

TALİMATLAR:
a) Orta derecede ısıtılmış büyük bir tencerede pişmiş kinoa, mercimek, Taco Çeşnisi, hindistancevizi yağı ve lahanayı karıştırın. 3 – 5 dakika, ısı yaprakları soluncaya kadar iyice karıştırın.

b) Taco kabuklarını, üreticinin talimatlarına göre parşömen kaplı bir fırın tepsisinde kızartın.

c) Kabukları doldurun, ardından avokado, kişniş ve bir miktar limon sıkın. Sıcak servis yapın.

84. Mısır Salsa Tepesinde Siyah Fasulye Tacos

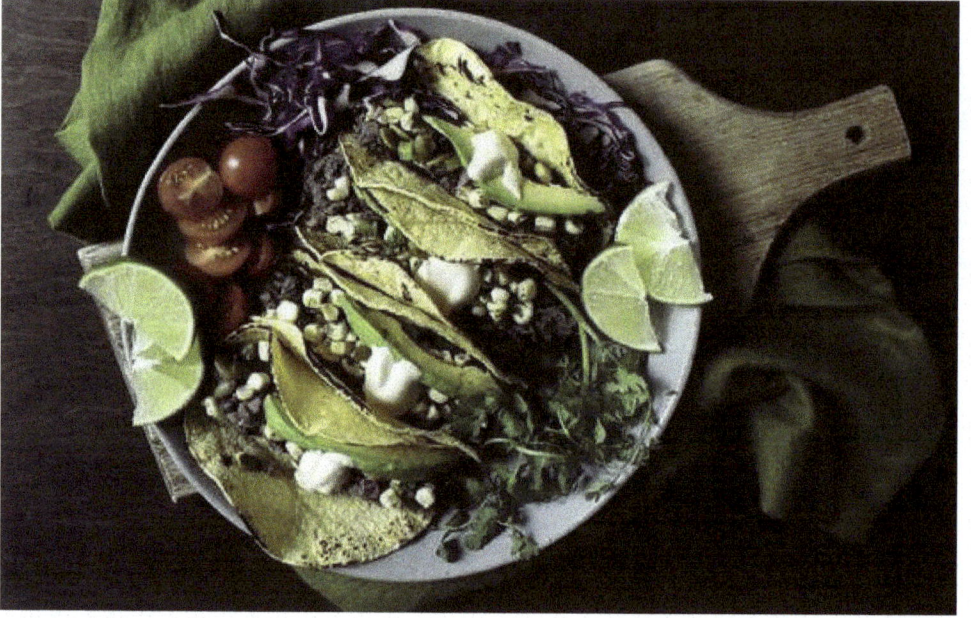

Yapar: 4

İÇİNDEKİLER:

- Zeytinyağı Pişirme
- 2 diş Sarımsak
- 2 ½ bardak siyah fasulye, durulanmış ve süzülmüş
- ¼ su bardağı yulaf
- ¼ su bardağı mısır unu
- 1 yemek kaşığı toz kırmızı biber
- 1 çay kaşığı koşer tuzu, bölünmüş
- ½ çay kaşığı karabiber (öğütülmüş ve bölünmüş)
- 8 mısır ekmeği (küçük)
- 1 su bardağı mısır, donmuşsa çözülmüş
- 1 kırmızı dolmalık biber (orta, doğranmış)
- 1 yeşil biber (küçük, doğranmış)
- 2 yeşil soğan (doğranmış)
- 2 limon (suyu sıkılmış)
- ¼ bardak taze kişniş (doğranmış)

TALİMATLAR:

a) Fırını 400 ° F'ye önceden ısıtın ve bir fırın tepsisine pişirme yağı püskürtün.

b) Fasulye, yulaf, kırmızı biber ve mısır unu ile birlikte bir işleme makinesine doğranmış sarımsak ekleyin. Karışımı işlemeden önce tuz ve karabiber ekleyin.

c) Bir fırın tepsisi hazırlayın ve karışımı üzerine yayın. Karışımı 20 ila 30 dakika pişirmeden önce üzerine yemeklik yağ püskürttüğünüzden emin olun.

d) Daha fazla yemeklik yağ püskürtmeden önce pişirmeye devam edin. Bu, tüm karışımın eşit şekilde pişmesini sağlamaya yardımcı olur.

e) Piştikten sonra fasulye karışımını bir kaseye alın ve mısır, dolmalık biber, kırmızı biber ve yeşil soğan ile iyice karıştırın.

f) Ekmeği folyoya sarılmalı ve fırında 5 dakika ısıtılmalıdır.

g) Fasulye karışımını ekmeğin üzerine yayın ve mısır salsa ve kişniş tepesi ile servis yapın.

85. Izgara Haloumi Tacos

Yapar: 4

İÇİNDEKİLER:
- Zeytin yağı
- 2 kabuklu mısır koçanı
- koşer tuzu
- Karabiber
- 1 küçük, kırmızı soğan, dilimlenmiş
- ½ kg hellim, kalın dilimler halinde dilimlenmiş
- 8 mısır ekmeği

TALİMATLAR:
a) Orta-yüksek ısıda ızgarayı hazırlayın ve ızgaraları iyice yağlayın.

b) Mısır kabuklarının üzerine hafifçe yağ sürün ve aynı şekilde tuz ve karabiber serpin. Soğan halkalarını yağ, tuz ve karabiberle atın. Mısır için 10-15 dakika ve soğan için 4 dakika olmak üzere her iki malzemeyi de ızgara yapın, yumuşak olduğundan ve yer yer kömürleştiğinden emin olmak için sık sık çevirin.

c) Mısır soğuduktan sonra koçanların çekirdeklerini kesin ve orta boy bir kaseye koyun.

d) Peyniri biraz yağ ile fırçalayın ve biraz tuz ve karabiberle çeşnilendirdikten sonra, kömürleşmesi ve tamamen ısınması için her iki tarafını birer kez ızgara yapın.

e) Ekmeği yumuşatmak için mikrodalgada veya ızgaranın daha soğuk bir bölümünde ısıtın.

f) Peyniri tortillalara bölün ve üzerlerini soğan, mısır, avokado, kişniş, salsa ve misket limonu dilimleri ile doldurun.

86. Basit Vegan Taco

Yapar: 1

İÇİNDEKİLER:
- 2 buğday taco
- ½ su bardağı siyah fasulye
- 1 avokado, dilimlenmiş
- 2 çeri domates, dörde bölünmüş
- 1 soğan, doğranmış
- Taze maydanoz
- Misket limonu suyu
- 1 yemek kaşığı zeytin
- yağ
- Tuz
- Seçeceğiniz acı sos

TALİMATLAR:
a) Taco'yu iyice ısıtmak için ısıtın.

b) Tüm malzemeleri istediğiniz sırayla taco üzerine yerleştirin. Tüm sebzeleri orta boy bir tavada da ısıtabilirsiniz.

c) Yağı ısıtın, soğanları, fasulyeleri ve çeri domatesleri ekleyin ve hepsinin üzerine biraz tuz serpin.

d) Bir dakika sürekli karıştırdıktan sonra çıkarın.

e) Biraz maydanoz serpilmiş tacoları, dilimlenmiş avokadoları, biraz limon suyu serpiştirerek ve acı biber sosuyla servis edin.

87. Fasulye ve Izgara Mısır Taco

Yapar: 2

İÇİNDEKİLER:

- 2 Mısır takosu
- $\frac{1}{2}$ su bardağı siyah fasulye
- Izgara süt MISIR
- 1 avokado, dilimlenmiş
- 2 çeri domates, dörde bölünmüş
- 1 küçük soğan, doğranmış
- Taze maydanoz
- $\frac{1}{4}$ çay kaşığı kimyon
- Tuz
- Taze çekilmiş karabiber
- 1 yemek kaşığı Kızartmak için sıvı yağ

TALİMATLAR:

a) Orta-yüksek ısıda ızgarayı hazırlayın ve ızgaraları iyice yağlayın.

b) Mısır kabuklarının üzerine hafifçe yağ sürün ve aynı şekilde tuz ve karabiber serpin. Mısırın yumuşadığından ve yer yer kömürleştiğinden emin olmak için sık sık çevirerek 10-15 dakika ızgara yapın.

c) Mısır soğuduktan sonra koçanların çekirdeklerini kesin ve orta boy bir kaseye koyun.

d) Siyah fasulye, dilimlenmiş avokado, kiraz domates, doğranmış soğan, taze maydanoz ile karıştırın ve tuz, karabiber ve kimyon ekleyin. Keskin bir dolgu için biraz taze kireç sıkın.

e) Taco'nun üzerine koyun ve seçtiğiniz bir sosun tadını çıkarın.

88. Siyah Fasulye ve Pirinç Salatası Taco

Yapar: 4

İÇİNDEKİLER:

- Taco kabukları
- 3 Kireç, lezzet ve meyve suyu
- 1 su bardağı çeri domates, her biri 4 parçaya bölünmüş
- $\frac{1}{4}$ bardak Kırmızı şarap sirkesi
- $\frac{1}{4}$ fincan Kırmızı soğan, küçük zar
- $\frac{1}{4}$ Fincan Kişniş, Fesleğen ve Yeşil Soğan Karışımı, tümü şifonlu
- 1 çay kaşığı Sarımsak, kıyılmış
- 1 konserve Mısır, süzülmüş
- 1 adet yeşil biber, küçük doğranmış
- 1 adet kırmızı, turuncu veya sarı dolmalık biber
- 1 kutu siyah fasulye, süzülmüş
- 1 $\frac{1}{2}$ Fincan Beyaz pirinç, pişirilmiş ve sıcak tutulmuş
- Tatlandırmak için tuz ve karabiber.

TALİMATLAR:

a) Çeri domatesleri dörde bölün, doğranmış kırmızı soğan, kırmızı şarap sirkesi, sarımsak ve tuzla 30 dakika marine edin.

b) Biberleri, otları ve limonları toplayın ve hazırlayın. Hepsini süzülmüş siyah fasulye ve mısırla birleştirin ve tuz ve karabiberle iyice baharatlayın.

c) Domates karışımını fasulye karışımına ekleyin. Sonra ılık pirinci katlayın. Gerekirse tadın ve tuz ekleyin.

d) Taco kabuklarında servis yapın.

89. Chewy Cevizli Tacos

Yapar: 4

İÇİNDEKİLER:
taco eti
- 1 su bardağı çiğ ceviz
- 1 yemek kaşığı maya gevreği
- 1 yemek kaşığı tamari
- ½ çay kaşığı öğütülmüş kimyon
- ¼ çay kaşığı chipotle biber tozu
- 1 çay kaşığı biber

DOLGU
- 1 adet avokado
- 1 Roma domates, ince doğranmış
- 6 yemek kaşığı füme kaju peyniri sosu
- 4 büyük marul yaprağı

TALİMATLAR:
taco eti

a) Ceviz, besin mayası, tamari, kırmızı biber tozu, kimyon ve kırmızı biber tozunu bir mutfak robotuna koyun ve karışım iri kırıntıları andırana kadar püre haline getirin.

DOLGU

b) Üzeri için avokadoyu küçük bir kaseye koyun ve pürüzsüz olana kadar çatalla ezin. Domatesi karıştırın.

c) Her bir taco'yu bir araya getirmek için, bir marul yaprağını bir kesme tahtasına, kaburgaları yukarı bakacak şekilde yerleştirin. Sayfanın ortasına ¼ fincan Cevizli Taco Eti koyun.

d) Üzerine 1½ yemek kaşığı kaju peyniri sosu ve avokado karışımının dörtte birini ekleyin.

90. Seitan Tacos

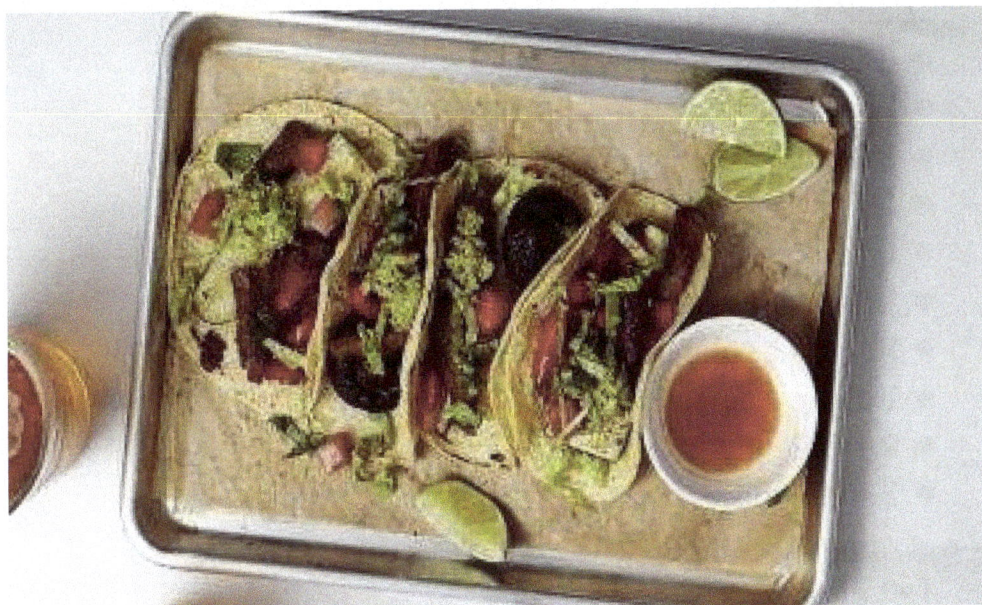

Yapar: 4 taco

İÇİNDEKİLER:
- 2 yemek kaşığı zeytinyağı
- 12 ons seitan
- 2 yemek kaşığı soya sosu
- 11/2 çay kaşığı toz biber
- 1/4 çay kaşığı öğütülmüş kimyon
- 1/4 çay kaşığı sarımsak tozu
- 12 (6 inç) yumuşak mısır ekmeği
- 1 olgun Hass avokado
- Rendelenmiş marul
- 1 su bardağı domates salçası

TALİMATLAR:
a) Büyük bir tavada, yağı orta ateşte ısıtın. Seitanı ekleyin ve kızarana kadar yaklaşık 10 dakika pişirin. Kaplamak için karıştırarak soya sosu, biber tozu, kimyon ve sarımsak tozu serpin. Ateşten alın.

b) Fırını 225 ° F'ye önceden ısıtın. Orta boy bir tavada tortillaları orta ateşte ısıtın ve ısıya dayanıklı bir plaka üzerine istifleyin. Folyo ile örtün ve yumuşak ve sıcak kalmaları için fırına koyun.

c) Avokadoyu soyun ve soyun ve 1/4 inçlik dilimler halinde kesin.

d) Taco dolgusu, avokado ve marulu bir tabağa yerleştirin ve ısıtılmış ekmeği, salsa ve diğer soslarla birlikte servis yapın.

91. Müthiş tofu tacos

Yapar: 6 porsiyon

İÇİNDEKİLER:
- 1 pound Sert tofu; $\frac{1}{2}$ inç küpler halinde kesin
- 2 yemek kaşığı kırmızı toz biber
- $\frac{1}{4}$ bardak Vejetaryen Worcestershire sosu
- Pişirme spreyi
- $\frac{1}{2}$ Kırmızı soğan; kıyılmış
- $\frac{1}{4}$ bardak Kıyılmış kişniş
- 1 su bardağı Kıyılmış kırmızı lahana
- 1 kutu Vejetaryen yeniden kızartılmış siyah fasulye
- 12 un ekmeği
- Salsa

TALİMATLAR:
a) Büyük bir kapta, tofuyu şili tozu ve Worcestershire sosuyla hafifçe karıştırın. En az bir saat bekletin. Fırını 400 F'ye önceden ısıtın. Bir fırın tepsisine hafifçe pişirme spreyi sıkın. Üzerine eşit şekilde tofu yerleştirin.

b) Tofunun üstüne hafifçe püskürtün ve tofu kızarana ve hafifçe çıtır çıtır olana kadar yaklaşık 20 dakika pişirin. Fırından çıkarın ve biraz soğumaya bırakın. Orta boy bir kapta soğan, kişniş ve lahanayı birleştirin.

c) Ekmeği 2 ila 3 fırın tepsisine yayın, böylece neredeyse üst üste binerler.

d) Her birinin ortasına yaklaşık $1\frac{1}{2}$ yemek kaşığı fasulye sürün ve tortillalar kahverengileşene ve fasulyeler sıcak olana kadar yaklaşık 10 dakika fırına koyun.

e) Her tortilin ortasına eşit miktarda tofu koyun.

f) Üzerine soğan-lahana-kişniş karışımını dökün, ikiye katlayın ve servis tabağına alın. İsterseniz salsa ile servis yapın.

92. Rajas con Crema Tacos

İÇİNDEKİLER:

DOLGU:

- 5 adet Poblano biberi, kavrulmuş, soyulmuş, çekirdekleri çıkarılmış, şeritler halinde kesilmiş
- ¼ Su
- 1 Soğan, beyaz, büyük, ince dilimlenmiş
- 2 diş Sarımsak, kıyılmış
- ½ bardak Sebze suyu veya et suyu

KREMA:

- ½ su bardağı çiğ badem
- 1 diş Sarımsak
- ¾ bardak Su
- ¼ fincan Badem sütü, şekersiz veya bitkisel yağ
- 1 yemek kaşığı taze limon suyu

TALİMATLAR:

a) Büyük bir sote tavasını orta ateşte ısıtın, su ekleyin. Soğanı ekleyin ve 2-3 dakika veya yumuşak ve yarı saydam olana kadar terleyin.

b) Sarımsak ve $\frac{1}{2}$ su bardağı sebze suyunu ekleyin, üzerini kapatın ve buharlaşmasına izin verin.

c) Poblano biberlerini ekleyin ve 1 dakika daha pişirin. Tuz ve karabiber serpin. Ateşten alın ve biraz soğumaya bırakın.

d) Bademleri, sarımsağı, suyu, badem sütünü ve limon suyunu blendere koyun ve pürüzsüz olana kadar işleyin. Tuz ve karabiber serpin.

e) Soğuyan dolgunun üzerine badem kremasını dökün ve iyice karıştırın.

93. Tatlı Patates ve Havuç Tinga Tacos

İÇİNDEKİLER:

- $\frac{1}{4}$ bardak Su
- 1 su bardağı ince dilimlenmiş beyaz soğan
- 3 diş sarımsak, kıyılmış
- 2 $\frac{1}{2}$ su bardağı rendelenmiş tatlı patates
- 1 su bardağı rendelenmiş havuç
- 1 kutu (14 ons) Doğranmış domates
- 1 çay kaşığı Meksika kekiği
- Adobe'de 2 Chipotle biber
- $\frac{1}{2}$ su bardağı sebze suyu
- 1 Avokado, dilimlenmiş
- 8 ekmeği

TALİMATLAR:

a) Orta ateşte büyük bir sote tavasında su ve soğanı ekleyin, soğan yarı saydam ve yumuşak olana kadar 3-4 dakika pişirin. Sarımsağı ekleyin ve 1 dakika karıştırarak pişirmeye devam edin.

b) Tavaya tatlı patates ve havuç ekleyin ve sık sık karıştırarak 5 dakika pişirin.

SOS:

c) Doğranmış domatesleri, sebze suyunu, kekik ve pul biberi blendere koyun ve pürüzsüz olana kadar işleyin.

d) Tavaya chipotle-domates sosu ekleyin ve ara sıra karıştırarak 10-12 dakika tatlı patates ve havuç tamamen pişene kadar pişirin. Gerekirse, tavaya daha fazla sebze suyu ekleyin.

e) Sıcak ekmeğin üzerinde ve avokado dilimleri ile servis yapın.

94. Patates ve Chorizo Tacos

Yapar: 4 porsiyon

İÇİNDEKİLER:

- 1 yemek kaşığı Bitkisel yağ, isteğe bağlı
- 1 su bardağı Soğan, beyaz, kıyılmış
- 3 bardak Patates, soyulmuş, doğranmış
- 1 su bardağı Vegan chorizo, pişmiş
- 12 tortilla
- 1 su bardağı En sevdiğiniz salsa

TALİMATLAR:

a) Orta-düşük ısıda büyük bir sote tavada 1 yemek kaşığı yağı ısıtın. Soğan ekleyin ve yumuşak ve yarı saydam olana kadar yaklaşık 10 dakika pişirin.

b) Soğanlar pişerken küçük bir sos tenceresine doğranmış patateslerinizi tuzlu su koyun. Suyu yüksek ateşte kaynama noktasına getirin. Isıyı ortama indirin ve patateslerin 5 dakika pişmesine izin verin.

c) Patatesleri süzün ve soğanla birlikte tavaya ekleyin. Isıyı orta-yüksek seviyeye getirin. Patatesleri ve soğanları 5 dakika veya patatesler kahverengileşene kadar pişirin. Gerekirse daha fazla yağ ekleyin.

d) Pişmiş Chorizo'yu tavaya ekleyin ve iyice karıştırın. Bir dakika daha pişirin.

e) Tuz ve karabiber serpin.

f) Sıcak ekmeği ve seçtiğiniz salsa ile servis yapın.

95. Yaz Calabacitas Tacos

Yapar: 4 porsiyon

İÇİNDEKİLER:

- $\frac{1}{2}$ su bardağı Sebze suyu
- 1 su bardağı Soğan, beyaz, ince doğranmış
- 3 diş Sarımsak, kıyılmış
- $\frac{1}{4}$ su bardağı sebze suyu veya su
- 2 Kabak, iri, küp şeklinde doğranmış
- 2 su bardağı Domates, doğranmış
- 10 tortilla
- 1 Avokado, dilimlenmiş
- 1 su bardağı Favori Salsa

TALİMATLAR:

a) Orta ateşte ayarlanmış büyük, ağır dipli bir tencerede; Soğanı $\frac{1}{4}$ bardak sebze suyunda 2 ila 3 dakika soğan yarı saydam olana kadar terletin.

b) Sarımsağı ekleyin ve kalan $\frac{1}{4}$ fincan sebze suyunu dökün, üzerini kapatın ve buharlaşmasına izin verin.

c) Üzerini kapatıp kabakları ekleyin ve yumuşayana kadar 3-4 dakika pişirin.

d) Domates ekleyin ve 5 dakika daha veya tüm sebzeler yumuşayana kadar pişirin.

e) Tatmak için baharatlayın ve avokado dilimleri ve salsa ile sıcak ekmeğin üzerinde servis yapın.

96. Baharatlı Kabak ve Siyah Fasulye Tacos

Yapar: 4 porsiyon

İÇİNDEKİLER:
- 1 yemek kaşığı Bitkisel yağ, isteğe bağlı
- ½ Beyaz Soğan, ince dilimlenmiş
- 3 diş Sarımsak, kıyılmış
- 2 Meksika kabağı, büyük, doğranmış
- 1 kutu (14.5 ons) Siyah fasulye, süzülmüş

ŞİLİ DE ARBOL SOSU:
- 2 - 4 Şili de Arbol, kurutulmuş
- 1 su bardağı çiğ badem
- ½ Soğan, beyaz, iri
- 3 diş Sarımsak, soyulmamış
- 1 ½ su bardağı Sebze Suyu, Sıcak

TALİMATLAR:
a) Bitkisel yağı büyük bir sote tavada orta ateşte ısıtın. Soğanı ekleyin ve 2-3 dakika veya soğan yumuşayana ve yarı saydam olana kadar terleyin.

b) Sarımsak dişlerini ekleyin ve 1 dakika pişirin.

c) Kabağı ekleyin ve yumuşayana kadar yaklaşık 3-4 dakika pişirin. Siyah fasulyeleri ekleyin ve iyice karıştırın. 1 dakika daha pişirelim. Tuz ve karabiber serpin.

d) Sosu yapmak için: bir ızgarayı veya dökme demir tavayı orta-yüksek ateşte ısıtın. Her iki tarafta yaklaşık 30 saniye hafifçe kızarana kadar chiles'ı her iki tarafta kızartın. Tavadan çıkarın ve bir kenara koyun.

e) Bademleri tavaya ekleyin ve kızarana kadar yaklaşık 2 dakika kızartın. Tavadan çıkarın ve bir kenara koyun.

f) Soğanı ve sarımsağı her iki tarafta yaklaşık 4 dakika hafifçe kömürleşene kadar kızartın.

g) Bademleri, soğanı, sarımsağı ve kırmızı biberi blendere koyun. Sıcak sebze suyunu ekleyin. Pürüzsüz olana kadar işleyin. Tuz ve karabiber serpin. Sos kalın ve kremsi olmalıdır.

97. kuşkonmaz tacos

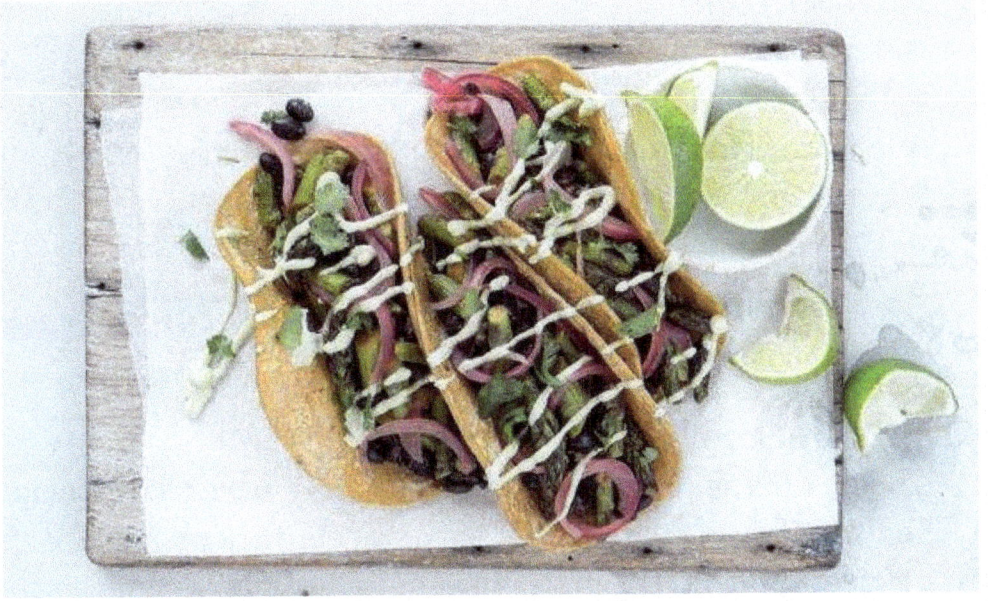

Yapar: 1 porsiyon

İÇİNDEKİLER:

- 4 sarı mısır ekmeği
- 16 adet kuşkonmaz, ızgara
- $\frac{1}{4}$ fincan Monterey jack peyniri, rendelenmiş
- $\frac{1}{4}$ fincan beyaz çedar peyniri, rendelenmiş
- Tuz ve biber
- Zeytinyağı, fırçalamak için

TALİMATLAR:

a) Izgara hazırlayın.

b) Her taco için peynirlerin $\frac{1}{4}$'ünü ve 4 parça kuşkonmazı her tortillaya yayın, Tuz ve karabiberle tatlandırın.

c) ikiye katlayın. Dışını zeytinyağı ile hafifçe fırçalayın.

d) Her bir tarafını 3 dakika veya tortilla çıtır çıtır olana ve peynir eriyene kadar ızgara yapın.

98. Sığır eti ile fasulye filizi taco

Yapar: 8 Porsiyon

İÇİNDEKİLER:
- 12 ons Fuji fasulye filizi
- 16 Taco kabuğu
- ¼ Marul, kıyılmış
- ½ paket Taco baharat karışımı (1,6 oz)
- 2 yemek kaşığı Bitkisel yağ
- 1 Domates, küp
- 1 pound Kıyma, pişmiş/süzülmüş

TALİMATLAR:
a) Fuji fasulye filizlerini yağda 30 saniye boyunca karıştırarak kızartın.

b) Taco baharat karışımı talimatlarına göre hazırlanmış sığır eti ekleyin.

c) Ateşten alın, taco kabuklarını istediğiniz miktarda karışımla doldurun, domates, marul ve peynir ekleyin.

99. Guacamole fasulye tacos

Yapar: 1 porsiyon

İÇİNDEKİLER:
- 1 paket Taco kabukları
- 15 ons Kızartılmış fasulye
- Guacamole
- Doğranmış soğan
- Doğranmış domates
- rendelenmiş çedar peyniri

TALİMATLAR:
a) Taco kabuklarını önceden ısıtılmış 250 derece fırında 5 dakika iyice ısınana kadar ısıtın.

b) Küçük bir tencerede, refried fasulyeleri kısık ateşte sık sık karıştırarak iyice ısınana kadar pişirin.

c) her bir taco için, bir taco kabuğuna 2 yuvarlak yemek kaşığı fasulye ve guacamole koyun, üzerine soğan, domates ve peynir serpin.

d) Ayrıca biraz kıyılmış marul da ekleyebilirsiniz.

100. Mercimek takoları

Yapar: 4 Porsiyon

İÇİNDEKİLER:

- 1 su bardağı Soğan; kıyılmış
- ½ su bardağı Kereviz; kıyılmış
- 1 diş sarımsak; kıyılmış
- 1 çay kaşığı zeytinyağı
- 1 su bardağı kırmızı mercimek
- 1 yemek kaşığı pul biber
- 2 çay kaşığı Öğütülmüş kimyon
- 1 çay kaşığı Kurutulmuş kekik
- 2 su bardağı Tavuk suyu; yağı alınmış
- 2 yemek kaşığı Kuru üzüm
- 1 su bardağı hafif veya baharatlı salsa
- 8 mısır ekmeği
- Kıyılmış marul
- Doğranmış domates

TALİMATLAR:

a) Büyük bir tavada orta ateşte soğan, kereviz ve sarımsağı yağda 5 dakika soteleyin. Mercimek, pul biber, kimyon ve kekik ilave edip karıştırın. 1 dakika pişirin. Et suyunu ve kuru üzümleri ekleyin. Örtün ve 20 dakika veya mercimek yumuşayana kadar pişirin.

b) Kapağı çıkarın ve sık sık karıştırarak mercimekler koyulaşana kadar yaklaşık 10 dakika pişirin. Salsayı karıştırın.

c) Ekmeği nemli bir kağıt havluya sarın ve 1 dakika veya yumuşayana kadar mikrodalgada yüksek sıcaklıkta tutun.

d) Mercimek karışımını tortillalara paylaştırın.

e) Marul ve domates ile doldurun.

ÇÖZÜM

Tacos, her yaştan insanın tadını çıkarabileceği çok yönlü ve lezzetli bir yemektir. Doldurma ve üst kaplama için sonsuz olasılıklarıyla, herkesin zevk tercihlerine uyacak şekilde özelleştirilebilirler. Basit sığır eti ve peynirli tacolardan daha ayrıntılı vejetaryen veya deniz ürünleri seçeneklerine kadar, herkesin tadını çıkarabileceği bir taco tarifi var. Bu yüzden, bir dahaki sefere hızlı ve doyurucu bir yemek yeme havasında olduğunuzda, lezzetli tacolar yapmayı düşünün ve damak tadınıza hitap etmesine izin verin.

Ingram Content Group UK Ltd.
Milton Keynes UK
UKHW020612120623
423287UK00008B/40